# Transformações do Estado e do direito

## Novos rumos para o Poder Judiciário

VOLUME 2

# Transformações do Estado e do direito

## Novos rumos para o Poder Judiciário

VOLUME 2

Sérgio Guerra (organizador)

FGV
EDITORA

Direitos desta edição reservados à
EDITORA FGV
Rua Jornalista Orlando Dantas, 37
22231-010 | Rio de Janeiro, RJ | Brasil
Tels.: 0800-021-7777 | 21-3799-4427
Fax: 21-3799-4430
editora@fgv.br | pedidoseditora@fgv.br
www.fgv.br/editora

Impresso no Brasil | *Printed in Brazil*



1ª edição — 2011

PREPARAÇÃO DE ORIGINAIS: Ronald Polito

REVISÃO: Adriana Alves | Tathyana Viana

CAPA E DIAGRAMAÇÃO: Leo Boechat

IMAGEM DA CAPA: "A Justiça", escultura em granito de Alfredo Ceschiatti (1918-1989), situada em frente ao prédio do Supremo Tribunal Federal em Brasília.

**Ficha catalográfica elaborada pela**
**Biblioteca Mario Henrique Simonsen / FGV**

Transformações do Estado e do direito (v. 2) / Organização Sérgio Guerra. — Rio de Janeiro : Editora FGV, 2011.
152 p.

Inclui bibliografia.
ISBN: 978-85-225-0877-8

1. Poder Judiciário — Brasil. I. Guerra, Sérgio, 1964-. II. Fundação Getulio Vargas.

CDD - 341.256

# Sumário

# Sobre os autores

SÉRGIO GUERRA

Pós-doutor em administração pública (FGV/Ebape). Doutor e mestre em direito. Professor titular da Escola de Direito da FGV/RJ (graduação e mestrado), na qual ocupa o cargo de vice-diretor de pós-graduação (*lato* e *stricto sensu*). Diretor executivo da *Revista de Direito Administrativo* (RDA) e coordenador do Mestrado Profissional em Poder Judiciário. Possui pós-graduação, em nível de especialização, em direito ambiental, direito processual civil e direito empresarial e cursos de educação continuada na Northwestern School of Law e University of California – Irvine.

CAROLINA ALVES VESTENA

Mestre em Poder Judiciário pela Escola de Direito da FGV/RJ. Bacharel em ciências jurídicas e sociais pela Universidade Federal do Rio Grande do Sul (UFRGS). Professora contratada da Faculdade de Direito da Universidade Estadual do Rio de Janeiro (Uerj).

CHERUBIN HELCIAS SCHWARTZ JÚNIOR

Mestre em Poder Judiciário pela Escola de Direito da FGV/RJ. Professor de direito administrativo, constitucional e processo civil da Escola da Magistratura do Estado do Rio de Janeiro (Emerj), onde é coordenador de direito administrativo. Presidente da Comissão de Jurisprudência do Tribunal de Justiça do Estado do Rio de Janeiro. Desembargador do Tribunal de Justiça do Estado do Rio de Janeiro.

**Felipe Dutra Asensi**

Advogado formado pela Universidade Federal Fluminense (UFF) e cientista social formado pela Universidade do Estado do Rio de Janeiro (Uerj). Doutorando e mestre em sociologia pelo Instituto Universitário de Pesquisas do Rio de Janeiro (Iuperj) Possui aperfeiçoamento em derechos fundamentales y globalización pela Universidad Complutense de Madrid (UCM). Visiting researcher da Universidade de Coimbra (UC). Membro efetivo do Instituto dos Advogados Brasileiros (IAB). Coordenador da Pós-Graduação Online e do Programa de Capacitação em Práticas Judiciárias da Fundação Getulio Vargas (FGV Direito Rio).

**Leila Mariano**

Doutoranda em direito pela Universidade Estácio de Sá (Unesa). Coordenadora do Mestrado Profissional em Poder Judiciário da Escola de Direito da FGV/RJ. Presidente da 2ª Câmara Cível. Diretora geral da Escola da Magistratura do Estado do Rio de Janeiro (Emerj). Desembargadora do Tribunal de Justiça do Estado do Rio de Janeiro.

**Luiz Roberto Ayoub**

Mestre em direito pela Universidade Estácio de Sá (Unesa), professor do curso de graduação e professor supervisor do Centro de Justiça e Sociedade (CJUS), da Escola de Direito da FGV/RJ. Juiz de direito da 1ª Vara Empresarial da Capital do Estado do Rio de Janeiro. Membro efetivo do Tribunal Regional Eleitoral no biênio 2011-2013.

**Taíse Sossai Paes**

Mestre em Poder Judiciário pela Escola de Direito da FGV/RJ. Pós-graduada em direito público e privado pela Escola da Magistratura do Estado do Rio de Janeiro (Emerj). Possui extensão universitária na Escola Superior da Defensoria Pública do Estado do Rio de Janeiro. Bacharel em direito pela Universidade Candido Mendes (Ucam). Advogada.

# Apresentação

O segundo volume de *Transformações do Estado e do direito: novos rumos para o Poder Judiciário* traz novas discussões ocorridas no Programa de Mestrado Profissionalizante em Poder Judiciário, da Escola de Direito do Rio de Janeiro da Fundação Getulio Vargas (FGV). Assim, vale lembrar os consideráveis influxos do direito na sociedade e a responsabilidade que ele tem em responder às necessidades latentes no meio social.

A produção bibliográfica apresentada neste volume é fruto de debates ocorridos no Programa de Mestrado Profissionalizante em Poder Judiciário, que tem por meta abordar questões e discutir modalidades para a reforma do Poder Judiciário brasileiro. Tal reforma faz-se necessária para a maturidade da democracia, o fortalecimento econômico e o pleno desenvolvimento social no país.

Para tanto, vislumbram-se duas estratégias centrais, já explicitadas no volume anterior de *Transformações do Estado e do direito: novos rumos para o Poder Judiciário*, a saber: (a) produzir lideranças judiciais detentoras de capacitação multidisciplinar — saber produzir e explicar as leis, gerenciar suas instituições e avaliar o impacto social e econômico de suas sentenças; (b) produzir um conhecimento suficientemente abrangente dos valores da justiça, da eficiência da administração e do equilibrado impacto econômico de sua prática.

A FGV Direito Rio tem como grande objetivo pensar o Poder Judiciário e apresentar alternativas institucionais inovadoras. Assim, possibilidades são abertas a professores e alunos para que desenvolvam seus entendimentos e ideias a fim de se construir um nicho de produção de conhecimento multi e interdisciplinar. Um dos conceitos abordados pela FGV Direito Rio é não somente a problematização de questões pertinentes à atualidade, mas também desenvolver alternativas conexas ao Judiciário. Agregar maior transparência, celeridade e satisfação social, preparando os profissionais que atuem na área jurídica e de ensino é primordial ao Programa de Mestrado Profissionalizante em Poder Judiciário da FGV Direito Rio.

Assim, como na primeira edição, apresentamos neste livro textos por professores e mestrandos. Trazemos, como abertura, o artigo "Normas regulatórias: por uma nova ordem hierárquica na pirâmide normativa", de autoria do professor doutor Sérgio Guerra, vice-diretor de pós-graduação da Escola de Direito do Rio de Janeiro da FGV e professor titular nos cursos de graduação e Mestrado Profissionalizante em Poder Judiciário. Em seguida, apresentamos texto da coordenadora adjunta do Mestrado Profissionalizante em Poder Judiciário e desembargadora no Tribunal de Justiça do Estado do Rio de Janeiro, Leila Mariano, sobre os desafios do Poder Judiciário na contemporaneidade. Segue-se com uma análise econômica da Lei de Falências e Recuperação de Empresas, desenvolvida pelo professor Luiz Roberto Ayoub, professor surpervisor do Centro de Justiça e Sociedade da FGV Direito Rio e magistrado, atuante na área de direito empresarial, no Rio de Janeiro.

Trazemos, também, textos produzidos pelos mestrandos, Carolina Alves Vestena, bacharel em ciências jurídicas e sociais pela Universidade Federal do Rio Grande do Sul (UFRGS), que abordou o tema do pluralismo jurídico; Taíse Sossai Paes, que produziu o ensaio de título "A judicialização política em sua perspectiva histórica"; e Cherubin Helcias Schwartz Júnior, desembargador do Tribunal de Justiça do Estado do Rio de Janeiro, que discutiu, em seu texto, questões relacionadas à prestação de serviços públicos. Esta obra encerra-se com o texto o "O direito, o juiz e as profecias que se autocumprem", de autoria do professor Felipe Dutra Asensi, coordenador da Pós-graduação Online em Direito da FGV Direito Rio.

A publicação dos trabalhos acadêmicos produzidos por docentes e discentes é característica da Escola de Direito do Rio de Janeiro, da FGV. Assim, a ideia que permeia a publicação desta segunda edição do livro *Transformações do Estado e do direito* é apresentar à sociedade, em especial aos profissionais ligados ao Poder Judiciário, os mais recentes questionamentos acadêmicos e sugerir alternativas institucionais.

O conteúdo deste livro é fruto da tentativa de repensar o Poder Judiciário como instituição intrínseca à sociedade e apta a responder, da melhor forma, a seus anseios e necessidades. Buscou-se abordar questões relativas ao modelo de Estado que construímos, até o presente momento, e que queremos construir.

A publicação deste segundo volume só foi possível, contudo, porque seus colaboradores cumpriram com suas agendas e entregaram os ensaios que aqui vos apresentamos. Esta é uma obra coletiva do Programa de Mestrado Profissionalizante em Poder Judiciário da Escola de Direito do Rio de Janeiro da FGV.

Rio de Janeiro, setembro de 2011.

*Sérgio Guerra*

# Normas regulatórias: por uma nova ordem hierárquica na pirâmide normativa

Sérgio Guerra

De uma perspectiva sociojurídica sistêmica, é irrefutável o fato de que, em vista da permeação de dados da realidade no direito, notadamente pelas novas relações sociais, econômicas, científicas e, especialmente, tecnológicas, a filtragem dos novos ramos do conhecimento para a adequação da normatização tem-se tornado cada vez mais problemática.

A transposição do direito racional para um texto aprovado pela vontade geral (de viés *rousseauniano*) impedia qualquer outra forma de se cogitar a existência de direito diverso deste; contudo, nos dias atuais, essa premissa não mais se sustenta.

O legislador, ao atribuir ao Poder Executivo tarefas públicas, está legitimado para conferir a esse poder — e, de fato, o confere com toda normalidade — um âmbito de responsabilidade própria, sobretudo na avaliação de questões técnicas, na ponderação de interesses contraditórios e na apreciação das evoluções futuras.[1] As modificações na prestação dos serviços públicos se realizam em conformidade com a dinâmica da competência mercadológica. O Estado, dessa forma, tem de ponderar sua capacidade de resposta com o objetivo de alcançar os fins impostos pelo interesse público.[2]

---

[1] PAREJO ALFONSO, Luciano. *Administrar y juzgar*: dos funciones constitucionales distintas y complementarias. Madrid: Tecnos, 1993. p. 31.

[2] MEILÁN GIL, José Luis. *Progreso tecnológico y servicios públicos*. Madrid: Civitas, 2006. p. 127.

Assim, é plausível sustentar que a evolução das escolhas administrativas caminha para uma nova fase nos tempos atuais, que não nega a necessidade de se ampliar a atuação estatal executiva. Se, de um lado, o poder de decisão das questões de natureza política primária compete ao Poder Legislativo na edição de normas jurídicas, por outro, é indisputável que a lei não consegue disciplinar o direito nos detalhes que a solução dos problemas cotidianos exige.

Por isso, há necessidade de que o Poder Executivo tenha, em muitas situações, de atuar sem uma conduta totalmente predeterminada por uma regra legal, sempre, porém, balizado por certos limites jurídicos.

Nesse contexto, a doutrina publicista, desde remota data, trilha o caminho do poder regulamentar para a consecução de tal desiderato, fundamentando, nessa linha de pensamento, a impossibilidade da simples aplicação mecânica da lei pelo administrador público, sem qualquer inovação.

Um dos debates travados no campo doutrinário refere-se à função normativa exercida pelas entidades reguladoras independentes.

Parece não haver dúvidas quanto à juridicidade de entidades reguladoras exercerem uma função normativa secundária, desde que observadas as normas hierarquicamente superiores, a exemplo de diversas outras autarquias, especiais ou não. Compreendendo-se essa função normativa como não sendo primária,[3] e sim secundária,[4] haja vista que, entre nós, a função normativa primária é precípua do Poder Legislativo, sendo exercida de forma extravagante pelo Poder Executivo, seja por meio de medidas provisórias ou delegação legislativa[5] — casos em que não se enquadra a função normativa ora em comento.

---

[3] Sobre a primariedade das normas, Eros Roberto Grau leciona que "os ordenamentos jurídicos são referidos como primários porque se impõem, aos grupos sociais a que respeitam, por virtude própria, isto é, por força primária — tal como ocorre com as normas. Assim, se o caráter inovador da norma o peculiariza, seus reflexos, em termos de inovação — para que existam como tais —, penetram o próprio ordenamento. Por isso que a norma configura inovação no ordenamento jurídico e, daí, é de ser definida como preceito primário. A característica da inovação, destarte, está subsumida na primariedade da norma". GRAU, Eros Roberto. *O direito posto e o direito pressuposto*. São Paulo: Malheiros, 2002. p. 239.

[4] Vicente Ráo denota que são consideradas normas de caráter secundário aquelas normas que o Executivo, ao realizar suas funções políticas ou de governo, ou suas funções administrativas, põe em vigor como obrigatórias, umas de caráter geral e outras de caráter particular. RÁO, Vicente. *O direito e a vida dos direitos*. 5. ed., anot. e atual. por Ovídio Rocha Barros Sandoval. São Paulo: Revista dos Tribunais, 1999. p. 308-309.

[5] Veja-se como devem ser os procedimentos para as delegações legislativas a teor do que dispõe o art. 68 da Constituição de 1988: "As leis delegadas serão elaboradas pelo Presidente da

A questão em si refere-se a saber em qual categoria de direito administrativo essas normas regulatórias se enquadram.

Objetivamente, em nossa doutrina administrativista, tanto os que defendem a função normativa de entidades independentes do Poder Executivo central, como as agências reguladoras,[6] quanto os que são contrários[7] conduzem o tema para esse campo de questões.

São várias as denominações utilizadas para categorizar a função normativa do Poder Executivo. Eis algumas delas: (i) regulamento decorrente de delegação inominada, (ii) regulamento autônomo, (iii) deslegalização, (iv) regulamento delegado ou autorizado,[8] (v) capacidade normativa de conjuntura[9] e (vi) remissões normativas.[10]

---

República, que deverá solicitar a delegação ao Congresso Nacional. §1º Não serão objeto de delegação os atos de competência exclusiva do Congresso Nacional, os de competência privativa da Câmara dos Deputados ou do Senado Federal, a matéria reservada à lei complementar, nem a legislação sobre: I — organização do Poder Judiciário e do Ministério Público, a carreira e a garantia de seus membros; II — nacionalidade, cidadania, direitos individuais, políticos e eleitorais; III — planos plurianuais, diretrizes orçamentárias e orçamentos. §2º A delegação ao Presidente da República *terá a forma de resolução do Congresso Nacional, que especificará seu conteúdo e os termos de seu exercício.* §3º Se a resolução determinar a apreciação do projeto pelo Congresso Nacional, este a fará em votação única, vedada qualquer emenda".

[6] Nesse sentido, Alexandre Santos de Aragão e Patrícia Sampaio comentam a possibilidade e os limites da função normativa das agências reguladoras: "Deve ser compreendida à luz da finalidade do exercício da atividade administrativa, a qual reside no cumprimento das competências constitucional e legalmente consagradas às autoridades. Nessa perspectiva, entende-se a feição normativa do poder de polícia como instrumento legítimo de concretização desses objetivos. Não se trata, em qualquer hipótese, de autoridades administrativas exercendo competência legislativa ou quaselegislativa (no Brasil, a figura do regulamento autônomo mostra-se excepcional — art. 84, VI, da Constituição Federal), mas sim de atividade normativa inserida no bojo das competências administrativas do Estado e, por conseguinte, subordinada, sempre, à legalidade". ARAGÃO, Alexandre Santos de; SAMPAIO, Patrícia Regina Pinheiro. Omissão no exercício do poder normativo das agências e a concorrência desleal. In: ARAGÃO, Alexandre Santos de (Coord.). *O poder normativo das agências reguladoras.* Rio de Janeiro: Forense, 2006. p. 547.

[7] Maria Sylvia Zanella Di Pietro critica a função normativa exercida pelas entidades reguladoras: "A intenção de colocar tais atividades [serviços públicos] sob regime jurídico de direito privado vem sendo frustrada pela atividade regulatória exercida pelas agências, que acaba substituindo o direito administrativo criado por lei pelo direito administrativo criado por agências pretensamente independentes, na realidade muito mais autoritárias do que independentes". DI PIETRO, Maria Sylvia Zanella. Privatização e o novo exercício de funções públicas por particulares. In: MOREIRA NETO, Diogo de Figueiredo (Coord.). *Uma avaliação das tendências contemporâneas do direito administrativo.* Rio de Janeiro: Renovar, 2003. p. 434.

[8] Segundo doutrina de Eros Grau, os chamados "regulamentos autorizados" (ou "autorizativos") são aqueles que dispõem sobre matérias que, embora não cheguem a ser disciplinadas detalhadamente em lei formal, nela encontram seu fundamento de validade. Grau, *O direito posto e o direito pressuposto*, op. cit., p. 252.

[9] Também é expressão constante da doutrina de Grau, ibid., p. 231.

[10] Fabrício Motta denomina "remissões normativas" os casos em que a lei "reenvia a um ato normativo inferior e posterior, a ser elaborado pela Administração, a regulação de certos

Seja qual for a nomenclatura adotada, além da modalidade tradicional da regulamentação secundária, que produz efeitos incontroversos como característica dos órgãos administrativos, existem aquelas tipicamente regulatórias, que se caracterizam por seus efeitos extroversos sobre as matérias deslegalizadas e na estrita medida em que o tenham sido.[11]

De fato, as entidades reguladoras editam normas que, indiscutivelmente, afetam direitos e obrigações dos cidadãos. Exemplo dessas normas é a Resolução nº 460, de 19 de março de 2007, da Anatel, que criou o instituto da portabilidade de números de celulares. Não está expressamente em lei; contudo, foi editada, está sendo cumprida por todos. É relevante para a competição entre as operadoras e beneficia o cidadão: o chamado "equilíbrio sistêmico".

Como se vê, é extremamente difícil submeter uma norma dessa categoria a uma ordem hierárquica definida no modelo tradicional.

Há noções próprias do direito econômico (que afetam a sociedade e, por isso, despontam o direito administrativo econômico) que o direito não conhecia até então. "Por exemplo de atos que, para satisfazer à necessidade de maior maleabilidade da matéria económica, são, ao mesmo tempo, menos imperativos, menos estáveis e menos precisos que os actos administrativos habituais."[12]

Nesse contexto, destaca-se a importância de compreender a escolha regulatória como uma nova categoria das escolhas administrativas. Na regulação de atividades econômicas pelo Estado, a estrutura estatal necessária para equilibrar os subsistemas regulados, ajustando as falhas do mercado, ponderando-se diversos interesses ambivalentes, não se enquadra no modelo positivista clássico e moderno,[13] haja vista sua patente singularidade.[14]

---

elementos que complementam a ordenação estabelecida na própria lei". MOTTA, Fabrício Macedo. *A função normativa da administração pública brasileira*. Belo Horizonte: Fórum, 2007. p. 189.

[11] MOREIRA NETO, Diogo de Figueiredo. *Direito regulatório*: a alternativa participativa e flexível para a administração pública de relações setoriais complexas no Estado democrático. Rio de Janeiro: Renovar, 2003. p. 108-109.

[12] LAUBADÈRE, André de. *Direito público económico*. Coimbra: Almedina, 1985. p. 121. Grifo nosso.

[13] Sob esse viés clássico do princípio da legalidade em cotejo com a atuação da administração pública, expõe Diogenes Gasparini: "O princípio da legalidade significa estar a Administração Pública, em toda a sua atividade, presa aos mandamentos da lei, deles não se podendo afastar, sob pena de invalidade do ato e responsabilidade de seu autor. Qualquer ação estatal sem o correspondente calço legal, ou que exceda ao âmbito demarcado pela lei, é injurídica e expõe-se à anulação". GASPARINI, Diogenes. *Direito administrativo*. 11. ed. São Paulo: Saraiva, 2006. p. 6.

[14] Zagrebelsky adverte que até mesmo na França já existe um forte movimento para reduzir a força da lei. Consta que em 23 de agosto de 1985 o Conseil Constitutionnel decidiu que "la loi votée

Ademais, a regulação setorial descentralizada tem mais condições de enfrentar os desafios da "reflexividade da vida social", que consiste no fato de que as práticas sociais são constantemente examinadas e reformadas à luz de informação renovada sobre estas próprias práticas, alterando, dessa forma, seu caráter constitutivamente.[15]

Nesse contexto, Floriano Peixoto de Azevedo Marques Neto anota que a atividade regulatória é espécie do gênero atividade administrativa; contudo trata-se de uma espécie bastante peculiar. É na moderna atividade regulatória estatal que melhor se manifesta o novo paradigma de direito administrativo, de caráter menos autoritário e mais consensual, aberto à interlocução com a sociedade e permeado pela participação do administrado.[16]

Ainda que se cogite a existência de diversos graus de vinculação do regulador público às regras legais, parece ser indisputável que, dada a tecnicidade encontrada em ambientes sistêmicos (aviação civil, telecomunicações, sistema financeiro etc.), passa a ser missão do ente regulador encontrar, na autorreferência do sistema, uma solução de concordância prática entre as normas legais, em tese aplicáveis, e os efeitos prospectivos visando o equilíbrio e a sobrevivência do sistema.

Sabe-se que no Brasil ainda temos dificuldade em fugir dos reducionismos do pensamento catalogatório, baseado na hierarquia normativa e simplificado sob a forma piramidal.

A Constituição Federal está no grau mais elevado da hierarquia, à qual todas as demais normas devem-se adaptar. Em ordem decrescente, têm-se as leis complementares, as leis ordinárias, os decretos e os demais regulamentos e atos normativos inferiores. Nestes incluem-se as instruções, portarias e resoluções.

Na estrutura do princípio tripartite da separação de poderes, se três são, conceitualmente, as funções de Estado, uno e indivisível,[17] na prática, é

---

n'exprime la volonté générale que dans le respect de la Constitution". ZAGREBELSKY, Gustavo. *El derecho dúctil*: ley, derechos, justicia. Madrid: Trotta, 1995. p. 61.

[15] GIDDENS, Anthony. *As consequências da modernidade*. São Paulo: Unesp, 1991. p. 45.

[16] MARQUES NETO, Floriano Peixoto de Azevedo. Pensando o controle da atividade regulação estatal. In: GUERRA, Sérgio (Coord.). *Temas de direito regulatório*. Rio de Janeiro: Freitas Bastos, 2004. p. 202.

[17] Conforme leciona Clèmerson Merlin Cléve, o poder político é indivisível, teoricamente, porque seu titular é o povo que não o divide, senão que, em face da ação do Poder Constituinte, confere o exercício a diferentes órgãos encarregados de exercer distintas tarefas ou atividades, ou ainda diferentes funções. Ademais, o poder é indivisível por natureza. Não corresponde a uma coisa que a ela se possa aceder, algo com fim e começo, um objeto capaz de ser tomado,

o poder que deve ser exercido não apenas para aplicar a lei como também para concretizar, de modo geral, os valores e princípios políticos compartilhados na sociedade.

Então, aplica-se e realiza-se o direito mais que a lei propriamente dita. Nesse sentido, caberia à lei, como diretriz geral que contempla e procura acolher essa ordem de valores e princípios políticos, definir os parâmetros normativos e as estradas jurídicas a serem perfilhadas, e não detalhar e tecer minúcias quanto ao modo de trilhar tais caminhos e, ao administrador público, a instrumentalização da lei.

São esses aspectos que serão tratados no presente artigo, examinando-se as três categorias mais adotadas pela doutrina e pela jurisprudência para justificar ou contestar as normas editadas pelo Poder Executivo. A partir dessas reflexões, concluir-se-á pela ampliação da atual ordem hierárquica da clássica pirâmide normativa.

## 1. A tese da delegação normativa

Diante da complexidade e da tecnicidade que notabilizam as sociedades contemporâneas, foi sendo reconhecida com o tempo, ou ao menos consentida tacitamente — de um modo ou de outro, ainda que contrariamente ao previsto na letra da Constituição Federal —, alguma forma de delegação normativa do Legislativo a órgãos do Poder Executivo.

A crescente complexificação das matérias e a impossibilidade de o parlamento dar resposta pronta e conveniente a todas as exigências de um modelo de Estado de bem-estar conduziram a uma progressiva assunção de poderes normativos por parte do Executivo, incluindo a permanente feitura de atos, com força de lei, cuja prática pelo Executivo a Constituição configurava como tendo uma natureza excepcional, podendo falar-se, num primeiro momento, em tentativa de fraude à Constituição, e hoje, atendendo a reiterada prática e à ausência de qualquer sancionamento judicial, será possível defender-se a formação de um costume constitucional *contra constitutionem*.[18]

---

destruído ou multiplicado. CLÈVE, Clèmerson Merlin. *Atividade legislativa do Poder Executivo*. 2. ed. São Paulo: Revista dos Tribunais, 2000. p. 30.

[18] OTERO, Paulo. *Legalidade e administração pública*: o sentido da vinculação administrativa à juridicidade. Coimbra: Almedina, 2003. p. 107-108.

Esse movimento parte da ideia de que devem existir normas expedidas pelo Poder Executivo para fazer face à necessidade de suprir, de modo célere e adequado, as lacunas que frustram, por ausência normativa, a consecução de interesses dos cidadãos.

Veja-se o pensamento de Diogo de Figueiredo Moreira Neto[19] sobre a transição daquela fase racionalista que propugnava uma legalidade ortodoxa e totalmente avessa a qualquer tipo de delegação normativa para inaugurar, nas sociedades pluralistas e de massa, a fase de uma legalidade temperada, em que se admitia o instituto da delegação normativa, nos seguintes termos:

> Este princípio de reserva legal, que se constitui numa garantia individual fundamental, tem sido, por longa tradição, adotado nos ordenamentos constitucionais, ditando uma interpretação restritiva do princípio da separação de poderes, que assim prevaleceu durante um longo período de amadurecimento do Direito Público, passando por duas fases: a primeira, de absoluta inaceitação e, depois, da aceitação limitada da delegabilidade da função normativa [...] A lei, como conceito iluminista-racionalista, enquanto produto do Estado formalmente manifestado pelos órgãos legislativos constitucionais, parece ter atingido seu zênite como instrumento regrador de condutas sociais. Com efeito, o pluralismo, ao multiplicar os centros de poder na sociedade, tornando-a policrática, fez despontar novas fontes normativas autônomas e semiautônomas que atuam com vantagem como sucedâneas da norma legal. Por outro lado, a omnímoda submissão da sociedade a uma excessiva padronização e detalhamento de comportamentos por via legislativa, a pretexto de racionalizá-los e de impor critérios tidos como superiores, acaba paradoxalmente desservindo à ordem jurídica, não só por banalizá-la, como pelo desgaste que causa a babel provocada pelo incontrolável chorrilho legiferante a que se dedicam legisladores federais, estaduais e municipais de milhares de casas legislativas.

[19] Moreira Neto, *Direito regulatório*, op. cit., p. 118, 124.

Nessa linha de considerações, surgiu em alguns países[20] a teoria da "delegação legislativa" para a edição de normas pelo Poder Executivo.

O argumento utilizado é o de que o instituto revelava-se uma necessidade do Estado moderno, um expediente atenuador e de cooperação entre os Poderes Legislativo e Executivo, sempre reservada a via do Judiciário para discutir a juridicidade de todo e qualquer ato normativo.

Delegação legislativa, no sentido ora focalizado,[21] é a transferência da função normativa atribuída originária e constitucionalmente ao Poder Legislativo a órgãos ou agentes especializados do próprio Legislativo ou integrantes dos demais poderes do Estado. Seria assim o repasse da competência constitucional para a edição de normas jurídicas por meio da desconcentração de competência institucional do Estado (a competência legiferante), isso em virtude da pletora de atribuições assumidas pelo Poder Executivo, que reduziu por toda parte a suficiência do Poder Legislativo para regrar juridicamente a miríade de aspectos e complexidades das dinâmicas relações sociais.

De fato, para que a delegação normativa possa coadunar-se com os parâmetros da juridicidade, é imperioso que estejam presentes os seguintes requisitos: a) previsão na Constituição ou na lei formal; b) ato expresso de delegação da competência normativa; c) transferência da função legiferante ordinária ou a órgão ou agente de outro poder do Estado; d) limitações fixadas pelo poder delegante; e) possibilidade de revogação e indelegabilidade da delegação; f) preservação da idêntica competência delegada pelo poder delegante; g) controle político do órgão delegante sobre a legislação delegada; h) controle jurisdicional sobre a observância pela autoridade delegada das condições e limites estabelecidos pelo Poder Legislativo no ato da delegação.[22]

Duas são as espécies de delegação: a *nominada*, que decorre do texto constitucional (art. 68), e a *inominada*, que advém de norma, abertura ou interpretação sistemática de dispositivos da Constituição Federal ou do

---

[20] Conforme anota Clèmerson Clève, os regulamentos delegados são aceitos, por exemplo, na Espanha e na Itália. No Brasil, em determinado momento e sob os influxos da doutrina norte-americana, chegaram a ser aceitos os regulamentos delegados sem maiores problemas. Clève, *Atividade legislativa do Poder Executivo*, op. cit., p. 301.

[21] CASTRO, Carlos Roberto de Siqueira. *O Congresso Nacional e as delegações legislativas*. Rio de Janeiro: Forense, 1986. p. 81-82.

[22] Ibid., p. 96.

ordenamento infraconstitucional. A polêmica que envolve o tema se limita à segunda espécie — a delegação inominada —, pois a primeira, como dito, tem tratamento constitucional expresso.

A delegação inominada compreende as variadas experiências de atribuição de função normativa sem a previsão constitucional expressa e que, costumeiramente, se perfazem no curso da estruturação de determinado órgão ou entidade da administração direta ou indireta. Esses entes recebem, para além de suas funções tipicamente executivas, competência materialmente normativa para disciplinar, na mais das vezes, por via de resolução ou instrução normativa, o setor ou a atividade abrangida pelo serviço público assim descentralizado.

Tais delegações decorrem ou devem decorrer de uma outorga legal, e, desde que se atenham e sejam exercidas nos limites dos poderes que foram transferidos (*intra legem*), são compatíveis com a ordem jurídica, isto é, não são atentatórias do direito, antes, como já mencionado, decorrem até de uma exigência das necessidades cotidianas.[23]

Com a promulgação da Constituição Federal de 1988 não foi positivada, expressamente, a indelegabilidade normativa. A matéria constou do art. 25 dos Atos das Disposições Constitucionais Transitórias[24] para revogar as delegações anteriormente outorgadas no prazo de 180 dias, renováveis.

Com esse artigo, teriam sido revogados todos os dispositivos legais que atribuíssem ou delegassem a órgão do Poder Executivo competência assinalada pela Constituição ao Congresso Nacional, especialmente no que tange à ação normativa? Além disso, a questão a saber envolve uma segunda indagação: com a nova carta política, estaria definitivamente sepultada qualquer possibilidade de delegação legislativa inominada (a que não se dê por meio de lei delegada constante do art. 68 da CF)?

---

[23] Ibid., p. 96. Para o autor, desde que não se trate de matéria de reserva estrita de lei, como se dá com a definição de tributos ou de crimes, ou desde que não se trate de matéria de competência exclusiva do Congresso Nacional, da Câmara dos Deputados ou do Senado, não há se falar em ilegalidade ou em usurpação de poderes ou competências quando o administrador editar normas no exercício de um poder delegado. Pois há, ou deve haver, em toda delegação, um fundamento legal.

[24] BRASIL. Constituição (1988). Disposições transitórias. "Art. 25. Ficam revogados, a partir de cento e oitenta dias da promulgação da Constituição, sujeito este prazo a prorrogação por lei, todos os dispositivos legais que atribuam ou deleguem a órgão do Poder Executivo competência assinalada pela Constituição ao Congresso Nacional, especialmente no que tange a: *I — ação normativa*" (grifo nosso).

Na prática, nem a primeira, nem a segunda pergunta podem ser respondidas afirmativamente.

Estão aí, para comprovar essa assertiva, as inúmeras normas (resoluções, portarias etc.) expedidas por Conselhos, Institutos, Fundações, a exemplo do Conselho Nacional de Meio Ambiente (Conama), Conselho Nacional de Trânsito (Contran), Receita Federal do Brasil, Conselho Monetário Nacional (CMN), entre outros. Ademais disso, vale conferir o debate ocorrido no julgamento do Recurso Extraordinário nº 286.963-5, Minas Gerais, em que foi relator o ministro Sepúlveda Pertence. Nesse aresto, houve um prolongado debate sobre a validade da Lei nº 4.595/1964 na parte em que outorga poderes ao Conselho Monetário Nacional para dispor sobre as taxas de juros bancários por meio de normas editadas após o período de 180 (cento e oitenta) dias assinalado naquele artigo.

Se com relação aos entes que integram a linha hierárquica do chefe do Poder Executivo a questão não foi resolvida, quiçá pode-se cogitar solução no que se refere às entidades reguladoras independentes (isto é, não integrantes da linha de subordinação à chefia do Poder Executivo).

## 2. A tese do regulamento autônomo

Segundo Oswaldo Aranha Bandeira de Mello, regulamentar é desenvolver os preceitos constantes da lei, expressos ou implícitos, dentro da órbita por ela circunscrita, isto é, as diretrizes, em pormenor, por ela determinadas.[25] Nas palavras de Bonifácio Fortes,

> visa o regulamento desdobrar, ampliar, detalhadamente, o conteúdo da Lei. Com este propósito pode o regulamento dispor sobre o que a lei não cogitou, sem, no entanto, contrariar o seu espírito, pois a lei não pode prever todas as situações e minúcias. A lei dispõe apenas sobre a substância e os princípios, cabendo ao Executivo criar condições propícias à sua execução de tal forma que a sua efetivação se realize.[26]

---

[25] BANDEIRA DE MELLO, Oswaldo Aranha. *Princípios gerais de direito administrativo*. Rio de Janeiro: Forense, 1969. p. 314; FORTES, Bonifácio. O poder regulamentar. *Revista de Direito Administrativo*, Rio de Janeiro, v. 65, p. 39, jul./set. 1961.

[26] Fortes, O poder regulamentar, op. cit., p. 39.

O debate acerca das funções normativas detidas pelas entidades reguladoras independentes volta-se, ainda, à competência privativa do chefe do Poder Executivo para expedir regulamentos.

Sobre essa questão, Lúcia Valle Figueiredo,[27] ao afirmar que as determinações normativas oriundas das entidades reguladoras devem-se limitar a aspectos técnicos estritamente pertinentes a usuários, sugere que a grande dúvida e celeuma que o tema traz envolve o conceito de regulação.

Desse modo, a autora indaga se diferem regulação de regulamentação para, a seguir, concluir: "Se regulação for diferente de regulamentação, não haveria qualquer impedimento constitucional, porque às agências reguladoras estaria reservada, dentro daquela margem de liberdade técnica da interpretação, a fixação das condições de atuação dos setores por elas fiscalizados".[28]

J. J. Gomes Canotilho também identifica essa polêmica:

> A função de regulação (e de controle) de um determinado sector (mercado de valores mobiliários, comunicação social, energia, água e resíduos) atribuídas por lei a certas entidades independentes fará delas essencialmente autoridades reguladoras que estabelecem as regras e controlam a aplicação das normas. Fixar "regras reguladoras" corresponde, tendencialmente, a regulamentar matérias no figurino clássico da administração pública.[29]

Como dito, há necessidade de que o Poder Executivo tenha, em muitas situações, de atuar sem uma conduta totalmente predeterminada por uma regra, sempre, porém, balizado por certos limites jurídicos. Nesse contexto, a doutrina publicista, desde remota data, trilha o caminho do poder regulamentar para a consecução de tal desiderato, fundamentando, nessa linha de pensamento, a impossibilidade da "simples aplicação mecânica da lei"[30] pelo administrador público sem qualquer inovação.

---

[27] FIGUEIREDO, Lúcia Valle. Intervenção do Estado no domínio econômico e breves considerações sobre as agências reguladoras. *Revista de Direito Público da Economia — RDPE*, Belo Horizonte, n. 2, p. 267, abr./jun. 2003.

[28] Ibid., p. 267.

[29] CANOTILHO, José Joaquim Gomes. *Direto constitucional e teoria da Constituição*. 4. ed. Coimbra: Almedina, 2000. p. 818.

[30] BINENBOJM, Gustavo. *Uma teoria do direito administrativo*: direitos fundamentais, democracia e constitucionalização. Rio de Janeiro: Renovar, 2006. p. 157.

Por sua vez, além dos regulamentos destinarem-se a dar fiel execução à lei,[31] e, nesse caso, estarem a ela vinculados, sustenta-se, doutrinariamente, a existência de regulamentos autônomos[32] na materialização da função normativa.[33]

Eros Grau afirma que regulamentos autônomos são os que, decorrendo de atribuição do exercício de função normativa implícita no texto constitucional, importam o exercício daquela função pelo Executivo para o fim de viabilizar a atuação, dele, no desenvolvimento de função administrativa de sua competência; envolvem, quando necessário, inclusive a criação de obrigação de fazer ou deixar de fazer alguma coisa.[34]

Castro[35] sustenta que o regulamento autônomo, ainda que não tenha poderes derrogatórios de normas legais, em sentido formal, isto é, não prospere *contra legem*, cria direito novo, sem que se fundamente em lei que esteja regulando ou que lhe delegue competência para outras disciplinas *intra legem*, porque se alicerça na competência discricionária da administração, criando direito novo *praeter legem*. Trata-se de atos administrativos normativos, não condicionados à lei ordinária, pelo que órgãos e entidades do Poder Executivo editam normas com arrimo em suposta reserva regulamentar autônoma, e que expressam genuíno poder legislativo governamental. Cuida-se, enfim, de normas editadas com base na competência discricionária do Executivo e destinadas a disciplinar setores não ocupados pela legislação, mas para os quais não subsiste reserva legal por imperativo da Constituição.

Segundo o autor, a jurisprudência liberal e tradicionalista, mormente aquela que floresceu à sombra da Constituição de 1946, também repudia a utilização do regulamento para a criação de direitos e obrigações independentes da lei formal. Contudo, essa orientação tem sido minimizada através dos tempos, conforme deixa entrever o enunciado da Súmula 186 do

---

[31] Uma ampla sistematização dos regulamentos é feita por CAETANO, Marcello. *Princípios fundamentais do direito administrativo*. 2. reimpr. Coimbra: Almedina, 2003. p. 79-85.

[32] Cabral de Moncada, ao comentar o alcance inicial do princípio da legalidade, tendo como pano de fundo a relação de forças políticas entre o parlamento e o executivo monárquico, anota que o Poder Executivo dispunha de poder regulamentar autônomo em áreas em que a lei não aparecesse, sob a veste de um poder regulamentar *praeter-legem*. CABRAL DE MONCADA, Luís S. *Lei e regulamento*. Coimbra: Coimbra Ed., 2002. p. 73.

[33] Sobre a questão dos regulamentos autônomos após a Emenda Constitucional 32/2001, ver BRUNA, Sérgio Varella. *Agências reguladoras*: poder normativo, consulta pública e revisão judicial. São Paulo: Revista dos Tribunais, 2003. p. 89-91 e Binenbojm, *Uma teoria do direito administrativo*, op. cit., p. 160 e ss.

[34] Grau, *O direito posto e o direito pressuposto*, op. cit., p. 253.

[35] Castro, *O Congresso Nacional e as delegações legislativas*, op. cit., p. 121-125.

Supremo Tribunal Federal. A tendência hoje, portanto, em sintonia com os reclamos da moderna administração pública, é a de permitir o exercício do poder regulamentar autônomo, desde que, segundo esclarece com propriedade Diogenes Gasparini, "calcado numa expressa disposição da Lei Maior ou no costume constitucional, ou, ainda, na construção do próprio texto".[36] Isto é, deve traduzir-se no fiel detalhamento das condições de realização de direitos, deveres e demais disposições normativas previstas, explícita ou implicitamente, na lei que lhe confere fundamento de validade. O argumento presente é de que há certas hipóteses em que não é possível conferir fiel regulamentação à lei sem dispor sobre certos aspectos que estão implícitos na *ratio essendi* daquela, e sem cuja normatização, por inteiro, e em todos os seus aspectos, sobretudo os de ordem técnica, não é possível conferir-lhe fiel executoriedade.

Com efeito, o Supremo Tribunal Federal vem admitindo a teoria do regulamento autônomo. Confira-se no acórdão proferido nos autos da Ação Direta de Inconstitucionalidade 2.950-9, em que foi relator o ministro Eros Grau. No caso, foi apreciada a constitucionalidade de decreto da governadora do estado do Rio de Janeiro, que autorizou a Loterj a explorar bingos.

Por outro lado, colhem-se arestos do Superior Tribunal de Justiça, contrariamente à tese do regulamento autônomo. Vale trazer dois acórdãos, em que foi relator o ministro Luiz Fux, nessa ordem de convicção. No primeiro (REsp 778.338/DF), o aresto foi assim ementado:

> Administrativo e processual civil. Recurso especial. Violação a decreto não configurada. Conselho Federal de Medicina Veterinária. Exame Nacional de Certificação Profissional. Descabimento. Acórdão Calcado no princípio da legalidade. 1. [...] 3. A imposição do registro não pode ser inaugurada por Resolução, haja vista que o ato administrativo de caráter normativo subordina-se ao ordenamento jurídico hierarquicamente superior, *in casu*, à lei e à Constituição Federal, não sendo admissível que o poder regulamentar extrapole seus limites, ensejando a edição dos chamados "regulamentos autônomos", vedados em nosso ordenamento jurídico.

---

[36] Ibid.

O segundo (RMS 16.585/RJ), seguiu com a seguinte ementa:

> Administrativo. Instalação de lacres eletrônicos nos tanques dos postos revendedores de combustíveis. Constitucionalidade da Lei 3.438/2000. ADIn 2.334-9/2003. Responsabilidade exclusiva das distribuidoras. Inexistência de solidariedade passiva dos postos fornecedores. Ilegalidade da multa. Recurso provido. 4. O Decreto 29.043/01, que acrescentou o art. 10A ao anterior diploma supratranscrito [que] não previu a referida responsabilização solidária não poderia prevalecer. Isto porque, se assim o fizesse, extrapolaria os limites traçados pela Lei regulamentada, alterando seu conteúdo e alcance, além de contrariar o sistema que repudia os regulamentos autônomos.

## 3. A tese da deslegalização

Outra teoria sustentada para conformação da atuação do Poder Executivo é a da deslegalização de matérias do Legislativo para entidades do Executivo. O tema já foi agitado em sede doutrinária e pretoriana, notadamente em temas cuja positivação pelas casas legislativas apresenta-se inviável.

Por exemplo, o Plenário do Supremo Tribunal Federal, ao julgar o Recurso Extraordinário nº 140.669-1/PE, relator o eminente ministro Ilmar Galvão, apreciando a constitucionalidade de leis ainda editadas sob a égide da Constituição anterior, já teve o ensejo de examinar e acolher a tese da deslegalização, desde que a norma observe não só os parâmetros de legalidade que lhe foram traçados, mas, também, em um sentido mais lato, os padrões de juridicidade delineados em determinado sistema jurídico, e desde que não se trate de matéria sujeita à reserva de lei.

Note-se que ali se estava diante, inclusive, de matéria tributária (embora não se tratasse de ato normativo definidor de tributo ou de elemento essencial deste, mas de elemento secundário). Contudo, mesmo assim, foi reconhecida a juridicidade de transferência normativa de lei para o Executivo, para que esse, por meio de portaria, alterasse o prazo de recolhimento do tributo ali em questão.

Entendeu-se, então, que a fixação de prazo para o recolhimento de tributo não é matéria submetida à reserva legal. Logo, poderia ser objeto de "*deslegalização*". É o que se colhe da ementa do acórdão, *in verbis*:

> Tributário. IPI. Art. 66 da Lei nº 7.450/1985, que autorizou o ministro da Fazenda a fixar prazo de recolhimento do IPI, e portaria nº 266/88/MF, pela qual dito prazo foi fixado pela mencionada autoridade. Elemento do tributo em apreço que, conquanto não submetido pela Constituição ao princípio da reserva legal, fora legalizado pela Lei nº 4.502/1964 e assim permaneceu até a edição da Lei nº 7.450/1985, que, no art. 66, o deslegalizou, permitindo que sua fixação ou alteração se processasse por meio da legislação tributária (CTN, art. 160), expressão que compreende não apenas as leis, mas também os decretos e as normas complementares (CTN, art. 96).

Digna de nota também é a seguinte passagem constante do corpo do acórdão, nos seguintes termos:

> O juiz Tift emitiu um voto brilhante dizendo que a indelegabilidade — que tem origem constitucional — não pode jamais ser encarada em termos absolutos. Acrescentou que pode a lei estabelecer, inclusive em matéria tributária, atribuições ao Poder Executivo — autoridade administrativa. Para que isso aconteça é preciso que haja autorização legal e que o exercício desse poder se faça dentro dos limites razoáveis. A deslegalização encontra limites constitucionais nas matérias constitucionalmente reservadas à lei. Sempre que exista reserva material de lei, a lei ou o decreto-lei (no caso de autorização legislativa) não poderão limitar-se a entregar aos regulamentos a disciplina jurídica da matéria constitucionalmente reservada à lei.

García de Enterría[37] comenta o instituto francês de deslegalização de matérias pelo Legislativo ao Executivo:

> *Desde la famosa Ley de 17 de agosto de 1948 se sortea de la técnica de la deslegalización o rebajamiento del rango normativo de la regulación de*

---

[37] GARCÍA DE ENTERRÍA, Eduardo. *Legislación delegada, potestad reglamentaria y control judicial.* 3. ed. Madrid: Civitas, 1998. p. 106.

> *determinadas materias, que quedan así entregadas al poder reglamentario* (matières relevant de la compétence du pouvoir règlementaire, *dice expresamente esa Ley). Esta práctica, que se repetirá cada vez con mayor osadía, recordando ya casi exactamente la técnica de los anteriores Decretos-Leyes [...], va a ser sancionada por la autoridad del Consejo de Estado, consultado especialmente por el Gobierno sobre su compatibilidad con la Constitución.*

A ideia, portanto, dessa teoria é de que a normatização executiva pode ser legitimada e conformada ao contexto jurídico-constitucional brasileiro por meio da deslegalização de matérias, a conviver com as regras constitucionais e com a primeira fonte normativa ordinária: a lei.

Segundo Aragão, a lei não precisa preestabelecer os elementos das relações jurídicas a serem formadas. Não é necessário que ela tenha de chegar a fixar os direitos e as obrigações que teriam apenas a forma de seu mero exercício definida pelos regulamentos necessários à "mera" execução.[38]

A deslegalização não envolve a atribuição de uma discricionariedade diferenciada (especialmente a suposta "discricionariedade técnica"[39]), pois não se trata de atuar sob o manto "intocável" da conveniência e oportunidade discricionária. Decorre de uma ampliação (e evolução) das fontes normativas necessárias não só ao atingimento do fim público, em que é necessária à prevenção e mediação do caso concreto, como, notadamente, para considerar as "consequências específicas sobre o setor regulado".[40]

Quando se cogita a deslegalização para a compatibilização da escolha executiva ao atual contexto jurídico-constitucional brasileiro, não se pretende sustentar a retirada da base legalitária para a atuação das entidades administrativas na regulação de atividades econômicas e setores sensíveis à sociedade. O que a doutrina sustenta é a manutenção do "monopólio da

---

[38] ARAGÃO, Alexandre Santos de. *Direito dos serviços públicos*. Rio de Janeiro: Forense, 2007. p. 328. O autor enfatiza seu ponto de vista ao anotar: "*Integramos a corrente daqueles para quem deve haver uma habilitação legal dos poderes da Administração Pública, sem que a lei precise entrar na matéria a ser regulada pela Administração*". Ibid. Grifo nosso.

[39] Sobre o tema, ver GUERRA, Sérgio. *Controle judicial dos atos regulatórios*. Rio de Janeiro: Lumen Juris, 2005.

[40] Moreira Neto, *Direito regulatório*, op. cit., p. 112.

política legislativa"[41] nas mãos do Legislativo e a "autorização deste",[42] prevista na norma primária, para que entes descentralizados do poder público possam estruturar a "moldura normativa",[43] o marco regulatório de determinado subsistema especializado, sem estar atrelado às situações previstas anteriormente pela lei.

Para Paulo Otero,[44] a deslegalização torna-se um processo de reforço da escolha administrativa gerando um correlativo enfraquecimento da tradicional esfera de intervenção vinculativa do poder legislativo. Torna a legalidade administrativa mais dócil ou adaptável aos propósitos da administração pública, encurtando, assim, os espaços de heterovinculação da legalidade.

Assim, deslegalizar significa não estarem perfeitamente indicados na lei os meios para atuação dos agentes estatais responsáveis pela regulação de subsistemas sensíveis ao equilíbrio das ambivalências sociais.

## 4. Conclusão

Após examinarmos a teoria da delegação legislativa inominada, a teoria do regulamento autônomo e a teoria da deslegalização, pode-se, então, examinar essas teorias *vis-à-vis* as normas regulatórias.

Se, de um lado, parte da interpretação doutrinária refere-se à atuação normativa das entidades reguladoras independentes como uma forma de "delegação", parece certo afastar esse rótulo ao perfilhar o entendimento de que não se trata da transferência de funções legislativas para entidades do Poder

[41] MOREIRA NETO, Diogo de Figueiredo. *Mutações do direito público*. Rio de Janeiro: Renovar, 2006. p. 262. O monopólio da política legislativa "vem a ser a competência para firmar princípios e baixar as normas gerais que deverão ser observadas pelas demais fontes intraestatais". Ibid. O autor conclui seu raciocínio nos seguintes termos: "Persegue-se a norma que ganha em *eficiência quanto ao conteúdo*, porque mais próxima da realidade dos fatos, não só na aplicação como na elaboração: ela é mais técnica, menos vaga, de maior precisão, por isso, menos controvertida, e produz mais segurança jurídica aos jurisdicionados. Mas, ao mesmo tempo, ela ganha em *eficiência quanto ao tempo*, pois, dispensando os pesados e demorados processos legislativos nas casas parlamentares, ela é formulada na medida em que é necessária e, com a mesma celeridade pode ser revogada, alterada ou substituída". Id. Governo e governança em tempos de mundialização: reflexões à luz dos novos paradigmas do direito. *Revista de Direito Administrativo*, São Paulo, v. 243, p. 46, set./dez. 2006.

[42] Como dito, Eros Grau utiliza a expressão "regulamentos *autorizados*". Grau, *O direito posto e o direito pressuposto*, op. cit., p. 252, grifo do autor.

[43] TORRES, Ricardo Lobo. *Tratado de direito constitucional financeiro e tributário*. Rio de Janeiro: Renovar, 2005. v. 2, p. 507.

[44] Otero, *Legalidade e administração pública*, op. cit., p. 903.

Executivo. Nesse caso, há execução, pela administração pública, da lei, que, contudo, deixou de estabelecer maiores detalhes sobre a matéria legislada, fixando apenas *standards* e finalidades gerais.[45]

Leila Cuéllar não compartilha do entendimento de que se trata de delegação de "poder normativo", na medida em que a delegação é sempre precária e excepcional. Caso a função normativa das entidades reguladoras derivasse de delegação, poderia, em tese, ser cassada essa competência, o que acarretaria extinção dos reguladores ou a frustração de sua natureza jurídica essencial, além de o controle dessas funções ser inviável no sistema brasileiro.[46]

As normas reguladoras são opções administrativas, também abstratas, embora formuladas com maior densidade técnica, visando à incidência sobre específicas relações interprivadas críticas que foram previamente deslegalizadas, voltadas, assim, não mais a aplicar uma regra legislativa predefinida, mas a equilibrar interesses e valores em concorrência por meio de uma nova regra a ser administrativamente definida pelo método da ponderação.[47]

Entende-se, dessa forma, que só há delegação quando se faculta ao regulamento a inovação absoluta como se lei fosse — o que, no caso, parece não ocorrer. Vale dizer, só se delega aquilo que se tem: a nova categoria de escolha administrativa batizada de "regulação" é mais do que simplesmente baixar regras normativas.

Pelas normas regulatórias permite-se o exercício da capacidade técnica para dispor com maior densidade sobre as matérias necessárias para equilibrar o subsistema regulado, diversamente das leis que, editadas pelo Poder Legislativo, assumem caráter genérico, distante do cidadão e sem concretude; e dos regulamentos elaborados pelo chefe do Poder Executivo em gabinetes herméticos à participação e controle da sociedade.

Nas palavras de Marcos Juruena Villela Souto,[48] o legislador não tem, necessariamente, o conhecimento técnico nem a proximidade dos fatos para

---

[45] ARAGÃO, Alexandre Santos de. *Agências reguladoras e a evolução do direito administrativo econômico*. Rio de Janeiro: Forense, 2002. p. 411.

[46] CUÉLLAR, Leila. *As agências reguladoras e seu poder normativo*. São Paulo: Dialética, 2001. p. 116. No mesmo sentido, BACELLAR FILHO, Romeu Felipe. O poder normativo dos entes reguladores e a participação dos cidadãos nesta atividade. Serviços públicos e direitos fundamentais: os desafios da regulação na experiência brasileira. *Revista de Direito Administrativo*, Rio de Janeiro, v. 230, p. 160, out./dez. 2002.

[47] Moreira Neto, *Direito regulatório*, op. cit., p. 114.

[48] SOUTO, Marcos Juruena Villela. *Direito administrativo regulatório*. Rio de Janeiro: Lumen Juris, 2002. p. 46.

editar a norma. Por isso, deve-se manter em um plano de generalidade para abrigar todas as situações, inviabilizando que se adentre em detalhes. Ademais, as normas sobre o funcionamento do mercado tendem a ser normas técnicas, econômicas e financeiras, que mudam com a evolução tecnológica ou comercial. Se a lei cuidasse de cada detalhe, estaria constantemente desatualizada e provocaria a frequente necessidade de movimentação do Poder Legislativo. Conclusivamente, não há de se falar, em sede de normatização por reguladores independentes, de delegação do Poder Legislativo.

Sobre o enquadramento na teoria do regulamento autônomo, nos parece que conduz o tema para o sítio da discricionariedade, o conhecido "cheque em branco" que se sustenta em bases axiológicas próprias do administrador público, impermeável à atuação dos regulados e da sociedade em geral. E categoria de escolha administrativa discricionária não é o melhor caminho a ser trilhado.

Floriano Peixoto de Azevedo Marques Neto chega a afirmar que, se fosse o caso, deveria ser, então, uma "nova discricionariedade". Segundo o autor,

> a relação das agências reguladoras com o Direito se dá em face de uma *nova legalidade*: a lei define as metas principais e os contornos da atividade do órgão regulador, cometendo-lhe (nestes limites e sob controle do Judiciário e do próprio Legislativo) ampla margem de atuação. Atuação, esta, que segue um novo tipo de discricionariedade, pautado fundamentalmente pelos objetivos definidos na lei para serem implementados no setor regulado.[49]

A doutrina vem sustentando que "aos poucos, o caráter totalmente livre invocado na ideia originária de discricionariedade vai se atenuando",[50] o que requer uma visão diversa do atual quadro que ainda se mantém[51] na interpretação doutrinária e pretoriana brasileira.

---

[49] MARQUES NETO, Floriano Peixoto de Azevedo. A nova regulação estatal e as agências independentes. In: SUNDFELD, Carlos Ari (Org.). *Direito administrativo econômico*. São Paulo: Malheiros, 2000. p. 95.

[50] MEDAUAR, Odete. *O direito administrativo em evolução*. 2. ed. São Paulo: Revista dos Tribunais, 2003. p. 195.

[51] Vale trazer a advertência de Andreas Krell: "Há inúmeros juízes, promotores, procuradores e advogados que evitam uma discussão mais profunda e acabam aderindo à jurisprudência tradicional, *que costuma usar uma classificação ultrapassada referente à discricionariedade administrativa, a qual não consegue fornecer soluções aos problemas*". KRELL, Andreas J. A recepção das

O momento por que passa a humanidade requer a atuação estatal por meio de escolhas administrativas que, para além de uma suposta prevalência do interesse público, efetivamente sopesem interesses, examinem custos e benefícios à luz de questões técnicas e científicas, atuem nos riscos[52] à sociedade pluriclasse e a cada cidadão, isto é, de acordo com a realidade.

Conforme a nova compreensão do direito administrativo no constitucionalismo atual, e de modo aparentemente paradoxal, se de um lado há uma "tendência a reduzir margem",[53] um "decréscimo"[54] e mesmo "limitação"[55] da discricionariedade na atuação do administrador público, uma verdadeira "restrição à dimensão constitucional e democrática"[56] e "*mayor objetividad en la apreciación de los elementos*",[57] importando "redefini-la, de acordo com os postulados do constitucionalismo pós-positivista, a partir da noção do princípio da juridicidade";[58] de outro lado, a complexidade cotidiana, que conduz ao permanente ambiente de ambivalência, impõe uma maior maleabilidade legiferante, atuação executiva e, portanto, espaços para a escolha administrativa.[59]

Esses fatores trazem mais imprevisibilidade na atuação executiva estatal, afetando direitos fundamentais dos cidadãos.

Como se vê, tanto a teoria da delegação legislativa inominada quanto a teoria dos regulamentos autônomos não trazem respostas seguras para o enfrentamento da regulação normativa por meio das entidades reguladoras, por não se enquadrarem na modalidade piramidal, tradicional, de regulamentação secundária.[60]

---

teorias alemãs sobre "conceitos jurídicos indeterminados" e o controle da discricionariedade no Brasil. *Revista Interesse Público*, Porto Alegre, v. 23, p. 22, 2004. Grifo nosso.

[52] Nesse sentido, ver Krell, ibid., p. 24.

[53] GARCÍA DE ENTERRÍA, Eduardo. *Democracia, jueces y controle de la administración*. 5. ed. reimpr. Madrid: Civitas, 2005. p. 135.

[54] Medauar, *O direito administrativo em evolução*, op. cit., p. 230.

[55] BARROSO, Luís Roberto. Neoconstitucionalismo e constitucionalização do direito: o triunfo tardio do direito constitucional no Brasil. *Revista da Emerj*, Rio de Janeiro, v. 9, n. 33, p. 58, 2006.

[56] JUSTEN FILHO, Marçal. *Curso de direito administrativo*. 2. ed. São Paulo: Saraiva, 2006. p. 14.

[57] MADARIAGA GUTIÉRREZ, Mónica. *Seguridad juridica y administración publica en el siglo XXI*. 2. ed. Santiago: Jurídica de Chile, 1993. p. 47.

[58] MORAES, Germana de Olivera. *Controle jurisdicional da administração pública*. São Paulo: Dialética, 2002. p. 37.

[59] Medauar, *O direito administrativo em evolução*, op. cit., p. 195: "A partir da segunda metade do século XX, com a dinâmica intervencionista, ampliaram-se as atribuições administrativas; um número crescente de decisões passou a afetar com mais amplitude direitos e interesses dos indivíduos. Ficava a impressão de que aumentara o campo de atuação livre da Administração".

[60] Até porque o art. 84 da Constituição Federal dispõe que compete privativamente ao chefe do Poder Executivo o poder regulamentar.

Quanto à teoria da deslegalização, representa um avanço na possibilidade de se acompanhar a necessária abertura e o crescimento dos espaços para a atuação do Poder Executivo na busca de soluções para o equilíbrio cíclico dos subsistemas e do exercício legítimo de políticas distributivas, com a redução da escolha discricionária e inconclusivos debates acerca da impossibilidade ou limitação da sindicância dessas escolhas pelo Poder Judiciário.

Nessa senda, a deslegalização pode ocorrer pela exclusão legal de um comportamento a qualquer tipo de regra ou pela substituição do referencial normativo, indicando a nova fonte regradora; mas sempre com vistas à maior efetividade (e, não, transferência de competência, desprezo ou inexistência) da norma legalitária.[61]

Com efeito, no que tange às entidades reguladoras, essas não recebem competências do Legislativo para formular normas abertas conformadas por aspectos políticos; por isso, e considerando ser "extremamente difícil submetê-las a uma ordem hierárquica definida",[62] devem merecer um novo enquadramento na clássica pirâmide normativa[63] prevista no vigente texto constitucional brasileiro.

É indene de dúvidas que, no ordenamento jurídico brasileiro, a Constituição Federal está no grau mais elevado da hierarquia, à qual todas as demais normas devem-se adaptar. Em ordem decrescente, têm-se as leis complementares, as leis ordinárias, os decretos e os demais regulamentos e atos normativos inferiores. Nestes incluem-se as instruções, portarias e resoluções, que, em virtude do princípio da legalidade, têm caráter estritamente subordinado e dependente de lei.[64]

---

[61] Moreira Neto, *Direito regulatório*, p. 125. Nos termos do art. 48 da Constituição Federal: "Cabe ao Congresso Nacional, com a sanção do Presidente da República, não exigida esta para o especificado nos arts. 49, 51 e 52, dispor sobre todas as matérias de competência da União".

[62] Moreira Neto, *Mutações do direito público*, op. cit., p. 40.

[63] Há de se interpretar a questão da hierarquia à luz da teoria principiológica e dos valores, pois não se interpreta a lei em tiras, ou aos pedaços, muito menos a Constituição. Como observa Pietro Perlingieri, "pensar que se possa interpretar a norma singular 'na sua nudez linguística, como realidade solitária, irregular, errante', torna-se, de um ponto de vista lógico, uma petição de princípio e, de um ponto de vista axiológico, uma escolha não conforme à vigente hierarquia das fontes e dos valores". PERLINGIERI, Pietro. *Perfis do direito civil*: introdução ao direito civil constitucional. Rio de Janeiro: Renovar, 2002. p. 79, 101.

[64] Bem a propósito da ora cogitada hierarquia das leis, vale a transcrição de nota doutrinária de J. J. Gomes Canotilho, nos seguintes termos: "A ideia básica do princípio da hierarquia é esta: os actos normativos (leis, decretos-leis, tratados, decretos legislativos regionais, regulamentos) não têm todos a mesma hierarquia, isto é não se situam num plano de horizontalidade uns em relação aos outros, mas sim num plano de verticalidade, à semelhança de uma pirâmide jurídica". Canotilho, *Direito constitucional e teoria da Constituição*, op. cit., p. 680.

Contudo, nosso sistema constitucional é, essencialmente, um sistema normativo de valores, que ora são contrapostos, ora são afinados, mas que se pretendem sempre harmônicos. É a "hegemonia axiológica dos princípios",[65] segundo a qual "nenhuma norma de direito positivo se encontra isolada em si, mas sempre inserida dentro de um contexto formado pela ordem jurídica no seu conjunto".[66]

Desse modo, "perante um problema a resolver, não se aplica, apenas, a norma primacialmente vocacionada para a solução: todo o Direito é chamado a depor".[67]

Daí que a missão das entidades reguladoras, como pré-intérpretes da Constituição[68] mediante um trabalho exegético que procure encontrar, na "autorreferência do subsistema", uma solução de concordância prática entre as normas constitucionais em tese aplicáveis a um determinado caso concreto submetido à regulação, é a de fugir dos reducionismos do pensamento catalogatório da hierarquia normativa e simplificado sob a forma piramidal.[69]

Com isso, editar atos normativos regulatórios representa a materialização de escolhas que busquem confrontar o problema a ser solucionado em

---

[65] BONAVIDES, Paulo. *Curso de direito constitucional*. 12. ed. São Paulo: Malheiros, 2002. p. 237.

[66] MÜLLER, Friedrich. *Discours de la méthode juridique*. Paris: Presses Universitaires de France, 1996. p. 275.

[67] CORDEIRO, Antonio Menezes. Introdução. In: CANARIS, Claus-Wilhelm. *Pensamento sistemático e conceito de sistema na ciência do direito*. Lisboa: Fundação Calouste Gulbenkian, 1996. p. CXI.

[68] Com predomínio do papel do julgador na "filtragem" constitucional, Peter Häberle apresentou uma teoria metodológica (1975) sob o ponto de vista epistemológico, voltada à sociedade aberta. A essência dessa metódica se atém à ampliação dos intérpretes da Constituição, que inclui, além do Poder Judiciário, os cidadãos e os órgãos estatais, que passam a constituir força produtiva de interpretação, ao menos como pré-intérpretes (*Vorinterpreten*) do complexo normativo constitucional. HÄBERLE, Peter. *Hermenêutica constitucional*: a sociedade aberta dos intérpretes da Constituição — contribuição para a interpretação pluralista e "procedimental" da Constituição. Porto Alegre: Sergio Antonio Fabris, 1997. Gilmar Ferreira Mendes esclarece esse ponto na apresentação da obra de Häberle (p. 9-10): "A norma não é uma decisão prévia, simples e acabada, tem-se, necessariamente, de indagar sobre os participantes no seu desenvolvimento funcional sobre as forças ativas da *law in public action*. A ampliação do círculo dos intérpretes constituiria para Häberle apenas uma consequência da necessidade de integração da realidade no processo de interpretação".

[69] Aragão, *Direito dos serviços públicos*, op. cit., p. 370: "O marco regulatório dos serviços públicos é constituído de elementos *que não se relacionam apenas de maneira piramidal*, havendo uma teia normativa disposta de forma flexível e inter-relacionável, que produz fluxos normativos multidirecionais, tanto de forma horizontal (normas de idêntica hierarquia), como vertical (normas de hierarquia diversa integrantes do mesmo setor normativo) e diagonalmente (normas de hierarquia diversa integrante de distintos setores normativos — ex.: resolução da Anatel *versus* lei consumerista)". Grifo nosso.

face da Constituição e os bens e valores jurídicos que ali estariam conflitando, estabelecendo-se qual ou quais desses valores em conflito deverá prevalecer.

Desse modo, não parece haver dúvidas de que as normas editadas por entidades reguladoras devem obedecer aos preceitos legais — *standards*[70] —, pois a administração pública não tem um poder normativo incondicional e geral, como ocorre com o Poder Legislativo.[71] Entretanto, não se pode enquadrar essas normas como delegação inominada ou função regulamentar da lei, de competência do presidente da República e de outros entes, pois, em termos de regulação de atividades econômicas, a lei não consegue tudo prever.

A polêmica acerca da função normativa das entidades reguladoras se insere em uma discussão mais profunda, que envolve sua adaptação ao sistema tripartite oitocentista, subsumido no princípio da separação e do equilíbrio entre os poderes estatais, que impõe também uma revisão da hierarquia normativa.

Nessa ordem de convicções, é jurídico sustentar a constitucionalidade do exercício da função normativa "secundária" pelas entidades reguladoras

---

[70] Cabral de Moncada, *Lei e regulamento*, op. cit., p. 23.

[71] Nesse sentido, tem-se a oportunidade de transcrever a manifestação de Celso Antônio Bandeira de Mello adotada contra a função normativa das agências reguladoras: "Reitera-se, pois, neste campo, a submissão total ou parcial dos atos administrativos à lei, ao encarecer-se que só por lei é possível restringir a liberdade econômica. [...] Este último traço é que faz do regulamento, além de regra de menor força jurídica que a lei, norma dependente dela, pois forçosamente a pressupõe, sem o quê nada poderia dispor. No Direito pátrio, sem lei não haveria espaço jurídico para o regulamento". BANDEIRA DE MELLO, Celso Antônio. *Curso de direito administrativo*. 21. ed., rev. e atual. São Paulo: Malheiros, 2006. p. 315. Em complemento ao mesmo entendimento, Castro já se pronunciou sobre o tema, nos termos seguintes: "Assim, qualquer excesso do poder regulamentar, ou seja, qualquer desconformidade com a lei matriz v.g., a criação de obrigações ou supressão de direitos não previstos na lei regulamentada, importa em quebra da legalidade por abuso de poder, segundo a festejada lição de San Tiago Dantas, ao expor: 'sempre que um regulamento sobre matéria já disciplinada em lei, depara-se-nos o problema da perfeita adequação do regulamento ao texto da lei. E isso porque, sendo o regulamento uma simples particularização ou desenvolvimento da lei, a cujo espírito deve incondicional obediência, será ilegal e, portanto, inaplicável a disposição regulamentar que se puser em oposição ao comando do Legislativo, seja por contradizê-lo, seja por alargar ou reduzir o âmbito de suas palavras'. E mesmo a sua utilização para finalidades espúrias e não visadas pelo legislador do diploma subordinante pode deflagrar os mecanismos para a anulação por desvio de poder". CASTRO, Carlos Roberto de Siqueira. *O devido processo legal e a razoabilidade das leis na nova Constituição do Brasil*. 2. ed. Rio de Janeiro: Forense, 1989. p. 125. Edmir Netto de Araújo, admitindo a edição de atos administrativos que significam o exercício do "poder normativo" das entidades reguladoras, denota que a função normativa das agências reguladoras, ou seja, a "função não regulamentar", vincula-se às normas legais pertinentes, sem inovar na ordem jurídica, e não é o de regulamentar leis e muito menos situações jurídicas autônomas (leis em sentido material) que criem direitos, deveres ou penalidades. ARAÚJO, Edmir Netto de. A aparente autonomia das agências reguladoras. In: MORAES, Alexandre de (Org.). *Agências reguladoras*. São Paulo: Atlas, 2002. p. 41.

por não se detectar qualquer usurpação da função legiferante, de competência do Poder Legislativo, nem, tampouco, do poder regulamentar de atribuição precípua do chefe do Poder Executivo.[72]

Só há delegação quando faculta-se ao regulamento a inovação da lei — o que não parece ser o caso. Também não é regulamento autônomo, pois a escolha regulatória não decorre de ato fora da lei. Pela escolha regulatória se permite o exercício da capacidade técnica das entidades descentralizadas para dispor com maior densidade sobre as matérias que lhe competem para equilibrar o subsistema regulado, diversamente das leis que, editadas pelo Poder Legislativo, assumem caráter genérico e sem concretude.[73]

Resta dizer, "regular" abrange outros institutos muito mais densos do que a "regulamentação" de uma lei, seja de execução ou autônoma.

A função regulamentar de competência do chefe do Poder Executivo não é somente reproduzir a lei, analiticamente, mas ampliá-la e completá-la, segundo seu espírito e seu conteúdo, sobretudo nos aspectos que a própria lei, expressa ou implicitamente, outorga à esfera regulamentar. Por outro lado, a função regulatória (ou reguladora) visa a realizar o gerenciamento dos múltiplos e antinômicos interesses da sociedade, traduzindo-se "em restrições à autonomia privada para evitar que o exercício abusivo de certas prerrogativas ponha em risco a realização de outros valores".[74]

A regulamentação é cometida a chefes de Estado ou governo, é uma função política, que visa a impor regras de caráter secundário em complementação às normas legais, com o objetivo de explicitá-las e dar-lhes execução. A regulação é uma função administrativa, que não decorre da prerrogativa do poder político, e, sim, da abertura da lei para que o agente regulador

---

[72] Diogo de Figueiredo Moreira Neto é taxativo: "Uma vez operada a deslegalização, a regulação, como produção normativa decorrente, não se confunde com as normas de regulamentação editadas pelo Poder Executivo e, muito menos, com as normas emanadas das Casas Legislativas". Moreira Neto, *Mutações do direito público*, p. 400.

[73] Alexandre Santos de Aragão (*Agências reguladoras e a evolução do direito administrativo econômico*, op. cit., p. 381) adverte que muitas vezes a lei confere "poder regulamentar" a titular de órgão ou a entidade da administração pública distinta do chefe do Poder Executivo. O autor se vale da expressão cunhada por San Tiago Dantas, "descentralização do poder normativo do Executivo" para órgãos ou entidades tecnicamente mais aparelhados. Por essa descentralização, o poder de estatuir normas jurídicas inferiores e subordinadas à lei, mas que nem por isso deixam de reger coercitivamente as relações sociais, é uma atribuição constitucional do presidente da República, mas a própria lei pode conferi-la, em assuntos determinados, a um órgão da administração pública ou a uma dessas entidades autônomas que são as autarquias.

[74] JUSTEN FILHO, Marçal. *O direito das agências reguladoras independentes*. São Paulo: Dialética, 2002. p. 556.

pondere, de forma neutra, os interesses concorrentes em conflitos setoriais, sejam eles potenciais ou efetivos.[75]

Diante desses argumentos, a competência normativa exercida pelas entidades reguladoras, inserida no sistema de separação de poderes e considerando-se a proeminência da instituição legislativa para a positivação das regras jurídicas ("legalidade formal axiológica, legalidade material leve ou legalidade principiológica"),[76] é inconfundível com o "poder regulamentar" primário, de competência do chefe do Poder Executivo.[77]

Conforme o exposto, e considerando que entidades reguladoras editam normas que dificilmente podem ser submetidas a uma ordem hierárquica definida no modelo tradicional, normas essas que vêm sendo admitidas em quase a totalidade dos julgamentos proferidos sobre o tema pelo Superior Tribunal de Justiça,[78] devem merecer um novo enquadramento na clássica pirâmide normativa, independentemente do *nomen juris*.

---

[75] Moreira Neto, *Direito regulatório*, op. cit., p. 132-133. Nesse mesmo sentido, Marcos Juruena Villela Souto afirma que enquanto a regulação é técnica, a regulamentação é política, havendo legitimidade eleitoral para tanto. O mesmo não ocorre na regulação, que se limita a implementar a decisão política. A regulação atende a interesses coletivos (setoriais), enquanto a regulamentação a interesses públicos, gerais. Souto, op. cit., p. 233.

[76] Aragão, *Direito dos serviços públicos*, op. cit., p. 335.

[77] Em igual pensamento, Sebastião de Botto Barros Tojal expõe que, pelas competências conferidas às agências reguladoras, essas projetam as iniciativas do poder público para o futuro, à medida que dizem respeito a objetivos, diretrizes, metas a serem traçadas com vista a consolidar o processo de intervenção estatal. Destaca que essas funções são diversas do papel exercido pelo regulamento administrativo, cuja utilidade consiste, fundamentalmente, em complementar a lei, facilitar a aplicação da lei, em suma, torná-la útil, facilitando sua implementação. TOJAL, Sebastião Botto de Barros. Controle judicial da atividade normativa das agências reguladoras. In: MORAES, Alexandre de (Org.). *Agências reguladoras*. São Paulo: Atlas, 2002. p. 161.

[78] Tome-se como exemplo o aresto a seguir: "Liminar e telefonia. Serviço pré-pago. Defesa ao consumidor. Legitimação do Ministério Público. Recurso especial admitido. Cautelar e efeito suspensivo. *Fumus boni iuris* e *periculum in mora* presentes. Atuação conforme ato da Agência Reguladora. Vigente ato normativo da Agência Reguladora cujo escopo é regular o segmento, não podem os estabelecimentos regulados absorverem danos e punições pelo fato do cumprimento das regras maiores, posto engendrarem exercício regular do direito. modificação *ex abrupto* dessas regras da Agência Reguladora por tutela provisória em liminar concedida em ação, acarreta *periculum in mora*, mercê de o *fumus boni iuris* repousar no cumprimento do ato da Agência. Deveras, somente a ausência de nulificação específica do ato da Agência autoriza o Judiciário e intervir no segmento, sob pena de invadir seara administrativa estranha ao Poder Judiciário (Guerra, *Controle judicial dos atos regulatórios*, op. cit., p. 355-369). Impossibilidade de atendimento técnico da decisão liminar, que configurou para o Relator *periculum in mora* inverso, máxime porque a adoção da providência contrária ao ato da Anatel (art. 55 da Resolução 316/2002, e itens 4.6 e 4.6.1, da Norma 03/98). Ministro Luiz Fux — Março/2006. STJ AGRG na MC 10443-PB".

## Referências

ARAGÃO, Alexandre Santos de. *Direito dos serviços públicos*. Rio de Janeiro: Forense, 2007.

_____. *Agências reguladoras e a evolução do direito administrativo econômico*. Rio de Janeiro: Forense, 2002.

_____; SAMPAIO, Patrícia Regina Pinheiro. Omissão no exercício do poder normativo das agências e a concorrência desleal. In: ARAGÃO, Alexandre Santos de (Coord.). *O poder normativo das agências reguladoras*. Rio de Janeiro: Forense, 2006.

ARAÚJO, Edmir Netto de. A aparente autonomia das agências reguladoras. In: MORAES, Alexandre de (Org.). *Agências reguladoras*. São Paulo: Atlas, 2002.

BACELLAR FILHO, Romeu Felipe. O poder normativo dos entes reguladores e a participação dos cidadãos nesta atividade. Serviços públicos e direitos fundamentais: os desafios da regulação na experiência brasileira. *Revista de Direito Administrativo*, Rio de Janeiro, v. 230, p. 153-162, out./dez. 2002.

BANDEIRA DE MELLO, Celso Antônio. *Curso de direito administrativo*. 21. ed., rev. e atual. São Paulo: Malheiros, 2006.

_____. *Discricionariedade e controle jurisdicional*. 2. ed. 5. tir. São Paulo: Malheiros, 2001.

BANDEIRA DE MELLO, Oswaldo Aranha. *Princípios gerais de direito administrativo*. Rio de Janeiro: Forense, 1969.

BARROSO, Luís Roberto. Neoconstitucionalismo e constitucionalização do direito: o triunfo tardio do direito constitucional no Brasil. *Revista da Emerj*, Rio de Janeiro, v. 9, n. 33, p. 43-92, 2006.

BINENBOJM, Gustavo. *Uma teoria do direito administrativo*: direitos fundamentais, democracia e constitucionalização. Rio de Janeiro: Renovar, 2006.

BONAVIDES, Paulo. *Curso de direito constitucional*. 12. ed. São Paulo: Malheiros, 2002.

BRUNA, Sérgio Varella. *Agências reguladoras*: poder normativo, consulta pública e revisão judicial. São Paulo: Revista dos Tribunais, 2003.

CABRAL DE MONCADA, Luís S. *Lei e regulamento*. Coimbra: Coimbra Ed., 2002.

CAETANO, Marcello. *Princípios fundamentais do direito administrativo*. Reimpr. da ed. bras. de 1977, 2. reimpr. port. Coimbra: Almedina, 2003.

CANOTILHO, José Joaquim Gomes. *Direto constitucional e teoria da Constituição*. 4. ed. Coimbra: Almedina, 2000.

CASTRO, Carlos Roberto de Siqueira. *O devido processo legal e a razoabilidade das leis na nova Constituição do Brasil*. 2. ed. Rio de Janeiro: Forense, 1989.

_____. *O Congresso Nacional e as delegações legislativas*. Rio de Janeiro: Forense, 1986.

CLÈVE, Clèmerson Merlin. *Atividade legislativa do Poder Executivo*. 2. ed. São Paulo: Revista dos Tribunais, 2000.

CORDEIRO, Antonio Menezes. Introdução. In: CANARIS, Claus-Wilhelm. *Pensamento sistemático e conceito de sistema na ciência do direito*. Lisboa: Fundação Calouste Gulbenkian, 1996.

CUÉLLAR, Leila. *As agências reguladoras e seu poder normativo*. São Paulo: Dialética, 2001.

DI PIETRO, Maria Sylvia Zanella. Privatização e o novo exercício de funções públicas por particulares. In: MOREIRA NETO, Diogo de Figueiredo (Coord.). *Uma avaliação das tendências contemporâneas do direito administrativo*. Rio de Janeiro: Renovar, 2003.

FIGUEIREDO, Lúcia Valle. Intervenção do Estado no domínio econômico e breves considerações sobre as agências reguladoras. *Revista de Direito Público da Economia — RDPE*, Belo Horizonte, n. 2, p. 257-271, abr./jun. 2003.

FORTES, Bonifácio. O poder regulamentar. *Revista de Direito Administrativo*, Rio de Janeiro, v. 65, p. 26-48, jul./set. 1961.

GARCÍA DE ENTERRÍA, Eduardo. *Democracia, jueces y controle de la administración*. 5. ed. reimpr. Madrid: Civitas, 2005.

_____. *Legislación delegada, potestad reglamentaria y control judicial*. 3. ed. Madrid: Civitas, 1998.

GASPARINI, Diogenes. *Direito administrativo*. 11. ed. São Paulo: Saraiva, 2006.

GIDDENS, Anthony. *As consequências da modernidade*. Trad. Raul Fiker. São Paulo: Unesp, 1991. [Título original: *The consequences of modernity*.]

GRAU, Eros Roberto. *O direito posto e o direito pressuposto*. São Paulo: Malheiros, 2002.

GUERRA, Sérgio. *Controle judicial dos atos regulatórios*. Rio de Janeiro: Lumen Juris, 2005.

HÄBERLE, Peter. *Hermenêutica constitucional*: a sociedade aberta dos intérpretes da Constituição: contribuição para a interpretação pluralista e "procedimental" da Constituição. Trad. Gilmar Ferreira Mendes. Porto Alegre: Sergio Antonio Fabris, 1997. Reimpr. 2002. [Título original: *Die offene Gesellschaft der Verfassungsinterpreten. Ein Beitrag zur pluralistischen und "prozessualen" Verfassungsinterpretation.*]

JUSTEN FILHO, Marçal. *Curso de direito administrativo*. 2. ed. São Paulo: Saraiva, 2006.

_____. *O direito das agências reguladoras independentes*. São Paulo: Dialética, 2002.

KRELL, Andreas J. A recepção das teorias alemãs sobre "conceitos jurídicos indeterminados" e o controle da discricionariedade no Brasil. *Revista Interesse Público*, Porto Alegre, v. 23, p. 21-49, 2004.

LAUBADÈRE, André de. *Direito público económico*. Trad. Maria Teresa Costa. Coimbra: Almedina, 1985.

MADARIAGA GUTIÉRREZ, Mónica. *Seguridad juridica y administración publica en el siglo XXI*. 2. ed. Santiago: Jurídica de Chile, 1993.

MARQUES NETO, Floriano Peixoto de Azevedo. Pensando o controle da atividade regulação estatal. In: GUERRA, Sérgio (Coord.). *Temas de direito regulatório*. Rio de Janeiro: Freitas Bastos, 2004.

_____. A nova regulação estatal e as agências independentes. In: SUNDFELD, Carlos Ari (Org.). *Direito administrativo econômico*. São Paulo: Malheiros, 2000.

MEDAUAR, Odete. *O direito administrativo em evolução*. 2. ed. São Paulo: Revista dos Tribunais, 2003.

MEILÁN GIL, José Luis. *Progreso tecnológico y servicios públicos*. Madrid: Civitas, 2006.

MORAES, Germana de Oliveira. *Controle jurisdicional da administração pública*. São Paulo: Dialética, 2002.

MOREIRA NETO, Diogo de Figueiredo. Governo e governança em tempos de mundialização: reflexões à luz dos novos paradigmas do direito. *Revista de Direito Administrativo*, São Paulo, v. 243, p. 41-47, set./dez. 2006.

_____. *Mutações do direito público*. Rio de Janeiro: Renovar, 2006.

_____. *Direito regulatório*: a alternativa participativa e flexível para a administração pública de relações setoriais complexas no Estado democrático. Rio de Janeiro: Renovar, 2003.

MOTTA, Fabrício Macedo. *A função normativa da administração pública brasileira*. Belo Horizonte: Fórum, 2007.

MÜLLER, Friedrich. *Discours de la méthode juridique*. Trad. Olivier Jouanjan. Paris: Presses Universitaires de France, 1996.

OTERO, Paulo. *Legalidade e administração pública*: o sentido da vinculação administrativa à juridicidade. Coimbra: Almedina, 2003.

PAREJO ALFONSO, Luciano. *Administrar y juzgar*: dos funciones constitucionales distintas y complementarias. Madrid: Tecnos, 1993.

PERLINGIERI, Pietro. *Perfis do direito civil*: introdução ao direito civil constitucional. Trad. Maria Cristina De Cicco. Rio de Janeiro: Renovar, 2002.

RÁO, Vicente. *O direito e a vida dos direitos*. 5. ed., anot. e atual. por Ovídio Rocha Barros Sandoval. São Paulo: Revista dos Tribunais, 1999.

SOUTO, Marcos Juruena Villela. *Direito administrativo regulatório*. Rio de Janeiro: Lumen Juris, 2002.

TOJAL, Sebastião Botto de Barros. Controle judicial da atividade normativa das agências reguladoras. In: MORAES, Alexandre de (Org.). *Agências reguladoras*. São Paulo: Atlas, 2002.

TORRES, Ricardo Lobo. *Tratado de direito constitucional financeiro e tributário*. Rio de Janeiro: Renovar, 2005. v. 2.

ZAGREBELSKY, Gustavo. *El derecho dúctil*: ley, derechos, justicia. Trad. Marina Gascón. Madrid: Trotta, 1995. [Título original: *Il diritto milte*: legge diritti giustizia.]

# Desafios do Poder Judiciário na contemporaneidade

Leila Mariano

## 1. Introdução

Sob a influência de múltiplos fatores, desde o final do século XX, reforçaram-se as expectativas sociais em relação ao papel do Poder Judiciário. De um lado, em razão de certa desconfiança quanto aos possíveis resultados do Estado social; de outro, decorrente do processo de democratização da sociedade, envolvendo mais participação dos cidadãos e seu maior acesso às estruturas decisórias características do Estado, num contexto de jogo político-econômico globalizado.[1]

Em sua obra *O poder dos juízes*, Dalmo Dallari[2] faz notar que os três poderes, tal como concebidos no século XVIII, para contexto diferente, quando se imaginava o Estado mínimo, estão inadequados para a realidade social e política de nosso tempo. Esse fenômeno tem sido objeto de discussão em diversos países, mormente os chamados emergentes, onde é imensa a dívida social e notória a incapacidade do ente estatal para decidir e implementar políticas públicas que minorem as precárias condições de vida de parte da população e garantam a efetividade e universalidade dos direitos fundamentais sociais.

Se o Executivo, por desinteresse, omissão ou falta de condições, não garante ao povo esses direitos, se o Legislativo, com frequência, evidencia

---

[1] LEAL, Rogério Gesta. *O Estado-juiz na democracia contemporânea*: uma perspectiva procedimentalista. Porto Alegre: Livraria do Advogado, 2007. p. 7.

[2] DALLARI, Dalmo. *O poder dos juízes*. São Paulo: Saraiva, 2007. p. 1.

atuação pífia e enfrenta inúmeros escândalos envolvendo parlamentares, restou ao povo excluído, privado do mínimo essencial que lhe permita viver com dignidade, buscar respostas no Judiciário.

Como se sabe, a teoria da separação dos poderes[3] encontra-se na base da origem e evolução do Poder Judiciário nos países que adotam o sistema romano, mormente os latino-americanos, como é o caso do Brasil.[4] De início rígida, com o correr dos tempos, sofreu abrandamento, apresentando-se, na contemporaneidade, de forma mitigada.[5] Tanto o Poder Executivo "invade" o Legislativo, legislando através de medidas provisórias, como o Legislativo exercita atividade própria do Judiciário nas Comissões Parlamentares de Inquérito. Por sua vez, o Poder Judiciário é constantemente provocado a suprir omissões legislativas, explicitando a norma que deverá reger o caso concreto a ele submetido, tendo ainda, com frequência, que instar o Executivo a implantar políticas que tragam ao plano da vida os direitos fundamentais, individuais e sociais garantidos constitucionalmente.

O fortalecimento da cidadania, com a identificação pelos indivíduos da autotitularidade de direitos, e a progressiva ampliação do leque dos direitos sujeitos à proteção estatal levam ao Judiciário um número cada vez maior de demandas, algumas bastante complexas e envolvendo conflitos de largo alcance social.

Inegável o protagonismo que o Poder Judiciário passou a assumir no Estado contemporâneo graças à sua descoberta pela sociedade, frustrada com os demais poderes da República. Por outro lado, as exigências dessa mesma sociedade e do mercado de verem atendidos seus pleitos em tempo útil o fizeram destinatário das mais acirradas críticas, a atingir diretamente sua legitimidade.

Em nosso país, principalmente após a Constituição de 1988, dois grandes temas, a morosidade e a corrupção, passaram a ocupar a pauta da imprensa e a agenda política, motivando movimentação nacional pela reforma do Judiciário.

Nesse contexto, depois de uma série de acirradas discussões, em 30 de dezembro de 2004, foi promulgada a Emenda Constitucional nº 45, que

---

[3] MONTESQUIEU, Charles-Louis de Secondat, barão de La Bréde e de. O espírito das leis. In: _____. *Os pensadores*. São Paulo: Abril Cultural, 1973.

[4] Leal, *O Estado-juiz na democracia contemporânea*, op. cit., p. 19.

[5] STRECK, Lênio Luiz; MORAIS, José Luis Bolzan de. *Ciência política e teoria do Estado*. 6. ed. Porto Alegre: Livraria do Advogado, 2008.

consagrou como direito subjetivo dos jurisdicionados o tempo razoável de duração do processo. Esse novo direito fundamental veio se somar àqueles outros já constantes na Carta, no que se refere à inafastabilidade da jurisdição,[6] ao devido processo legal,[7] ao contraditório e à ampla defesa,[8] bem como à plena acessibilidade.[9]

Via de consequência, além da obrigação de garantir amplo acesso à Justiça, surgiu para o Poder Judiciário o dever jurídico de prover os meios que garantam a célere tramitação dos processos jurisdicionais que lhe estão afetos. Note-se que estamos falando do Judiciário de um país continental, ao qual é atribuída, de forma universal e isonômica, a solução dos conflitos de interesses que afligem todos os brasileiros e estrangeiros nele residentes. Seus números não têm precedentes em escala mundial.

Fato incontestável é que esse poder não dispunha e ainda não dispõe das condições essenciais para cumprir as obrigações que lhe são constitucionalmente impostas, quer pela carência de juízes e de servidores, quer pela de recursos tecnológicos e materiais, quer pela legislação inadequada e ultrapassada,[10] além de um sem-número de outros fatores.

A chamada crise do Judiciário, em razão da defasagem entre as expectativas sociais e o que efetivamente se consegue realizar em termos de prestação jurisdicional, veio sempre impregnada de severas críticas e manifestações para que o poder abandonasse seu imobilismo e passasse a repensar seu papel e forma de atuação na sociedade.

Roberto Antonio Busato,[11] diretor do Conselho Federal da Ordem dos Advogados do Brasil (OAB) no triênio 2004/2006, assim se manifestou a respeito em entrevista jornalística:

> A crise do Judiciário tem vários fatores, um dos mais aparentes é a má formação do profissional que as universidades vêm jogando no mercado.

---

[6] "XXXV — a lei não excluirá da apreciação do Poder Judiciário lesão ou ameaça a direito".

[7] "LIV — ninguém será privado da liberdade ou de seus bens sem o devido processo legal".

[8] "LV — aos litigantes, em processo judicial ou administrativo, e aos acusados em geral são assegurados o contraditório e ampla defesa, com os meios e recursos a ela inerentes".

[9] "LXXIV — o Estado prestará assistência jurídica integral e gratuita aos que comprovarem insuficiência de recursos".

[10] PONCIANO, Vera Lúcia Feil. Morosidade da Justiça: crise do Judiciário ou crise do Estado? *O Estado do Paraná*, 10 jul. 2008.

[11] BUSATO, Roberto Antonio. O Poder Judiciário e a morosidade da Justiça. *O Liberal*, 25 jan. 2004.

> Há uma quantidade muito maior de bacharéis em Direito em função do excessivo número de cursos de Direito no País. Nós entendemos também que o Judiciário está totalmente anacrônico, que precisa de uma reforma urgente. A ordem vem falando há uma década, pelo menos, do controle externo da magistratura. Foi esse projeto da Ordem que iniciou todo o procedimento de reforma do Judiciário e acabou sensibilizando o deputado Hélio Bicudo, que apresentou o projeto que virou o da reforma. Parece-me fundamental que venha nesse momento, justamente porque essa crise não está passando. Ele visa exatamente se ter um controle administrativo do Judiciário e até mesmo garantir a perfeita independência com relação à prestação jurisdicional.

Sobre o assunto, Teresa Sadeck[12] assinalava que as críticas ao desempenho da justiça atravessaram o continente, se fazendo sentir, também, em países mais desenvolvidos, sendo, todavia, de se assinalar como novidade a posição central que o tema passou a ocupar nos debates, porquanto a Justiça transformou-se em questão prioritária, bem como a diminuição do grau de tolerância com a baixa eficiência do sistema judicial.

O sentimento geral que se tinha era que o Poder Judiciário de nosso país gastava muito, gastava mal e não cumpria sua missão constitucional. Inexistiam, porém, dados para alicerçar esta percepção, guardando tom emocional tanto os ataques quanto as defesas. A mobilização da imprensa sobre a gravidade deste quadro fez com que a tônica da reforma se concentrasse na exigência de um controle externo[13] que viesse a colocar ordem no poder.

No texto supracitado, Teresa Sadeck[14] afirmou que a criação de um órgão externo de controle do Judiciário foi, sem dúvida, desde a apresentação da emenda nesse sentido elaborada pelo deputado Genoíno,[15] a proposta

---

[12] SADEK, Maria Tereza. O Judiciário em questão. *Revista São Paulo em Perspectiva*, São Paulo, v. 10, n. 3, p. 53, 1996.

[13] REALE, Miguel Júnior, advogado criminalista e ex-ministro da Justiça. *Época*, São Paulo, 30 jan. 2004. "Os recentes escândalos mostram que o Judiciário precisa passar por uma reforma geral que institua o controle externo sobre os juízes e advogados. Quem tem poder tem de estar sob controle, sendo necessária uma mudança na mentalidade do Judiciário que deveria começar pela quebra da estrutura encastelada e da visão clânica dos juízes."

[14] Sadek, Maria Tereza, *O Judiciário em questão*, op. cit.

[15] Em 30 de setembro de 1995, o deputado José Genoíno (PT/SP) formulou a PEC 112/1995, propondo a criação de um órgão de controle externo, integrado pelo Conselho Federal de Justiça, pelos Conselhos Estaduais de Justiça e pelo Conselho Distrital de Justiça, cada qual

composto por cinco magistrados, um representante do Ministério Público, um advogado e três cidadãos eleitos pelo Legislativo, prevendo, também, o fim das sessões secretas nos tribunais para assuntos administrativos. Após audiências públicas da Comissão Especial, em 8 de agosto de 1996, o deputado Jairo Carneiro apresentou substitutivo, aglutinando as duas PECs (96/1992 e 112/1995). Terminada a legislatura sem a votação da matéria, a Comissão foi dissolvida e a PEC arquivada. Ainda no intuito de atingir os objetivos referidos, o governo, numa segunda tentativa de impedir o *ativismo judicial*, solicitou destaque a um novo Projeto de Emenda Constitucional que tratava, com exclusividade, da súmula vinculante. Graças à forte reação dos magistrados, advogados e membros do Ministério Público, também foi frustrada essa investida, vendo-se adiados os planos governamentais em razão do início da campanha eleitoral de 1998, na qual o presidente da República tentava reeleição. Em 30 de março de 1999, o presidente da Câmara, Michel Temer, após desarquivar a proposta do deputado José Genoíno, constituiu Comissão Especial para apreciar a matéria, a qual teve como presidente o deputado Jairo Carneiro e, como relator, o deputado Aloysio Nunes Ferreira (PSDB/SP). Foram então apensadas à PEC 96/1992 (que incluía a 112/1995) as demais iniciativas pertinentes que tramitavam nas duas casas legislativas. O relator, em 1º de junho de 1999, apresentou substitutivo pela aprovação da PEC 96/1992, sendo, todavia, em 11 de agosto de 1999, substituído naquele *munus* pela deputada Zulaiê Cobra (PSDB/SP), que apresentou alguns destaques. Em 19 de janeiro de 2000, após intensa discussão que mobilizou o Judiciário de todo o país, o Plenário aprovou, por 456 votos a favor, 21 contra e uma abstenção, o texto principal da relatora, com exceção dos destaques. Esses foram apreciados pontualmente, sendo a PEC aprovada em segundo turno, em 31 de maio de 2000, com 380 votos favoráveis, 21 contrários e três abstenções. Em 7 de junho de 2000, a votação da reforma do Judiciário (PEC 96/1992) foi concluída, na Câmara, em segundo turno, sendo, então, enviada ao Senado e encaminhada à Comissão de Constituição e Justiça, passando a ter por relator o senador Bernardo Cabral (PFL/AM). Foram necessárias, todavia, contramarchas, em razão da não eleição do deputado Bernardo Cabral. Em 18 de fevereiro de 2003, o presidente do Senado, José Sarney (PMDB/AP), reenviou a matéria à CCJ, para reexame, além de permitir que os senadores apresentassem sugestões ao relator, as quais, se aceitas por esse e pela Comissão, iriam demandar a concordância de um terço da composição do Senado, na forma do art. 65 da Constituição da República. Assim foi feito, e, por quase 10 meses, novas audiências públicas foram realizadas, sendo, em 17 de março de 2004, aprovada na CCJ, com mais de 100 destaques. Depois da mobilização dos membros do Poder Judiciário, de discussões públicas com todos os segmentos envolvidos e dos acalorados debates no Legislativo, prevaleceu a Emenda nº 4, apresentada pelo deputado Aloysio Nunes Ferreira, que criava o Conselho Nacional da Magistratura, órgão de controle externo, do qual faziam parte representantes dos Tribunais Superiores, dos diversos Tribunais Federais e Estaduais e das classes dos advogados e representantes dos cidadãos, com competências para se pronunciar sobre matéria orçamentária, vitaliciamento, promoção e perda de cargo dos magistrados, estrutura do Poder Judiciário e de seus serviços auxiliares, bem como fiscalizar o serviço judicial e receber denúncias e reclamações contra membros da magistratura e funcionários dos serviços auxiliares, sendo vedada a interferência na atividade jurisdicional. Essa proposta, mais palatável, foi acatada pela Comissão de Constituição e Justiça e de Redação com poucas modificações: suprimiu-se a expressão *controle externo* e vedou-se a participação direta dos cidadãos nos Conselhos de Justiça em nível federal, estadual e distrital, apesar da recomendação do Conselho da Reforma do Estado em sentido contrário. Como se viu, a proposta de reforma era abrangente e, apesar de haver diminuído a oposição à criação do órgão de controle administrativo nos termos propostos, outras matérias dividiam e ainda dividem as opiniões. Como estratégia, a proposta foi dividida, retornando a Câmara uma parte, prosseguindo a outra, que veio a ser aprovada, consubstanciando-se na Emenda Constitucional nº 45.

que mais provocou discussões. Conquanto, continua a pesquisadora, seus defensores sustentassem o argumento de que, dos três poderes, o Judiciário é o mais estável e o que mais tem mecanismos de controle e fiscalização, seja por parte da sociedade, seja de outros poderes, contradita tal assertiva e traz a colação a justificativa apresentada pelo parlamentar proponente da reforma, formulada nos seguintes termos:

> A justiça não pode ser entendida dentro de uma perspectiva exclusivamente técnico-formal. O princípio da separação dos poderes não pode ser utilizado para consolidar a fragmentação do próprio Estado e justificar a impossibilidade de controle social sobre uma atividade que é pública e da mais alta relevância,

asseverando ainda que "não há Estado Democrático de Direito sem que a sociedade civil não possa controlar suas instituições políticas, legislativas e judiciais".

## 2. O Conselho Nacional de Justiça e sua função de estabelecer políticas administrativas para o Poder Judiciário

A reforma constitucional consubstanciada na Emenda 45/04 trouxe em seu bojo a criação, no âmbito do Supremo Tribunal Federal, do Conselho Nacional de Justiça, órgão de natureza administrativo-correcional, com formação mista, uma vez que, de seus 15 conselheiros, nove são indicados pelo Judiciário, dois pelo Ministério Público, dois pelo Conselho Federal da Ordem dos Advogados, um pela Câmara dos Deputados e outro pelo Senado Federal, entre cidadãos de notório saber jurídico. Suas atribuições estão especificadas no art. 103-B da Constituição[16] e em seu Regimento Interno.

---

[16] Constituição da República. "Art. 103-B [...] I — zelar pela autonomia do Poder Judiciário e pelo cumprimento do Estatuto da Magistratura, expedindo atos normativos e recomendações; zelar pela observância do art. 37 da Constituição da República e apreciar, de ofício ou mediante provocação, a legalidade dos atos administrativos praticados por membros ou órgãos do Poder Judiciário, podendo desconstituí-los, revê-los ou fixar prazo para que se adotem as providências necessárias ao exato cumprimento da lei, sem prejuízo da competência do Tribunal de Contas da União; receber e conhecer das reclamações contra membros ou órgãos do Poder Judiciário, inclusive contra seus serviços auxiliares, serventias e órgãos prestadores de serviços notariais e de registro que atuem por delegação do poder público ou oficializados, sem prejuízo da compe-

Um dos primeiros pontos de ação do novel colegiado foi a coleta de dados e o estabelecimento de uma metodologia de apuração[17] que permitisse o autoconhecimento desse poder para, só então, passar a pensar na administração dos tribunais e na qualidade dos serviços, para o que foi estabelecido plano estratégico de âmbito nacional,[18] a ser replicado por cada um dos Tribunais Federais e Estaduais.

A respeito, o ministro Gilmar Mendes, então seu presidente,[19] afirmou:

> No Judiciário, a antiga estrutura processual e administrativa consubstancia desafio a ser enfrentado a partir da perspectiva do planejamento estratégico de todos os tribunais, coordenado pelo Conselho Nacional de Justiça, dirimindo o renitente problema de lentidão processual, bem como aumentando a transparência e o acesso dos cidadãos, sobretudo dos mais carentes, à prestação de justiça.

Para tanto, através da Resolução nº 12 de 14 de fevereiro de 2006, foram definidos padrões de interoperabilidade a serem utilizados no Poder Judiciário, entre eles, a padronização do número dos processos e de sua classificação. Paralelamente, para incrementar a informatização, foram disponibilizados aos tribunais equipamentos e sistemas informatizados que registram dados processuais e administrativos, tudo com o objetivo de tornar realidade o Banco de Dados do Judiciário.

---

tência disciplinar e correcional dos tribunais, podendo avocar processos disciplinares em curso e determinar a remoção, a disponibilidade ou a aposentadoria com subsídios ou proventos proporcionais ao tempo de serviço e aplicar outras sanções administrativas, assegurada ampla defesa; representar ao Ministério Público, no caso de crime contra a administração pública ou de abuso de autoridade; rever, de ofício ou mediante provocação, os processos disciplinares de juízes e membros de tribunais julgados há menos de um ano; elaborar semestralmente relatório estatístico sobre processos e sentenças prolatadas, por unidade da Federação, nos diferentes órgãos do Poder Judiciário; elaborar relatório anual, propondo as providências que julgar necessárias, sobre a situação do Poder Judiciário no País e as atividades do Conselho, o qual deve integrar mensagem do Presidente do Supremo Tribunal Federal a ser remetida ao Congresso Nacional, por ocasião da abertura da sessão legislativa."

[17] Sob a presidência do ministro Nelson Jobim, o CNJ iniciou levantamentos no sentido de comparar, por exemplo, os gastos com a manutenção da atividade judiciária e o PIB Nacional, o índice de congestionamento, entre outros, dando origem ao que hoje, de forma mais ampla, é divulgado anualmente no Justiça em Números.

[18] Plano estratégico do Poder Judiciário. Administração por processos de trabalho.

[19] MENDES, Gilmar. A Constituição e a estabilidade democrática. *Folha de S.Paulo*, 19 out. 2008.

O estudo serviu para mostrar mudança de rumo quanto à produtividade, tendo se verificado que o número de julgados vem superando o de ações ajuizadas, apontando para a tendência gradual de redução do resíduo acumulado nos anos anteriores, deixando claro o grande gargalo existente no processo de execução, o que leva frustração ao jurisdicionado que não consegue levar para o mundo da vida o direito que lhe foi reconhecido. Ficou igualmente claro o que antes já era de conhecimento dos magistrados: o poder público, em seus diversos níveis, é o responsável pelo maior número de ajuizamentos, sendo também bastante acionado. Segundo dados do Relatório Justiça em Números — Indicadores Estatísticos do Poder Judiciário Brasileiro, apenas no que se refere à Justiça Estadual, em 2009, o poder público foi autor de 3.981.379 ações em 1º grau, além de 129.137 da competência originária dos Tribunais de Justiça. Na Justiça Federal, a União, no mesmo ano, ajuizou 740.818 ações.

Com relação à Previdência Social, o Judiciário acumulava, já no início de 2008, quase 6 milhões de processos,[20] em sua maioria, discutindo índices de reajuste de benefícios. Note-se que a parte adversa é o trabalhador acidentado ou aposentado, ou ainda seus dependentes, em sua grande maioria de baixa renda, que se veem privados de receber corretamente o benefício a que fazem jus.

Segundo a mesma fonte oficial, dados relativos ao ano de 2009 indicam que a Justiça Estadual possui 14.886 magistrados, enquanto a Justiça Federal, 1.775, ou seja, um total de 16.661 para atender uma população de 185 milhões de habitantes, como divulgado recentemente pelo IBGE, numa média de 9 magistrados para cada 100 mil habitantes, número compatível com a média idealizada pela Organização das Nações Unidas (ONU), que é de 7 juízes para cada 100 mil habitantes.[21] A perspectiva unilateral poderia fazer concluir pela desnecessidade de aumento do número de magistrados, havendo, todavia, necessidade de se analisar a problemática à luz de outras variáveis, que incrementam o número de ajuizamentos e o acirramento do grau de litigiosidade, tais como a falta de cultura para a conciliação, o traço latino de não honrar voluntariamente a obrigação, procurando retardá-la para levar vantagem; a disparidade entre os ganhos de capital e a forma pelas quais são corrigidas as dívidas judicializadas.

---

[20] Disponível em: <www.cnj.jus.com>. Acesso em: 22 jan. 2008.

[21] Justiça em Números 2009. Disponível em: <www.cnj.jus.br>. Acesso em: 10 nov. 2010.

A modernização da gestão, por outro lado, sozinha, não atinge necessariamente os resultados esperados. Verificou-se em experiência realizada no estado do Rio de Janeiro junto ao IV Juizado Especial, certificado pelo sistema NBR ISO 9001, que a modernização e implementação de sua gestão, acabando com as filas de atendimento, agilizando o processamento, não foi suficiente para reduzir o número de processos em andamento, porquanto multiplicaram-se novos ajuizamentos, na medida em que as ações passaram a ser julgadas mais rapidamente.[22]

Vê-se, com esperança, o fato de o Judiciário tomar a iniciativa e buscar comprometer o governo e os empresários, partindo para reuniões onde são tratadas essas questões e traçados planos de ação para redução das demandas, cobrando a melhoria da prestação do serviço, levando à frente medidas que deem eficácia à execução. Nesse sentido, o convênio firmado pelo Conselho Nacional de Justiça e o Banco Central do Brasil, com apoio da Federação Brasileira dos Bancos, com vistas a aprimorar o sistema Bacen-JUD, revolucionando o sistema de penhoras até então utilizado.

A fala do secretário do Conselho Nacional de Justiça no Fórum Mundial de Juízes, ocorrido em janeiro de 2009 no estado do Pará, demonstra a intenção de aproximação e de tornar o Poder Judiciário viável, com a adoção de medidas de gestão, devendo ser enfrentada a necessidade de mudança de cultura, passo decisivo para que se abandone a visão do liberalismo e se ingresse definitivamente na contemporaneidade.

A esse respeito, Alvaro Ciarlini[23] assim se expressou:

> Hoje o problema central do CNJ consiste em marcar um campo de atuação concreto para a gestão do sistema de justiça. Já estamos elaborando uma política de gestão por resultados, em projetos que são essenciais para temas resolvidos pela sociedade — como a conciliação. Também estamos investindo em áreas específicas dos tribunais, como documental e gestão ambiental.

Essas considerações são para que se aplaudam iniciativas conjuntas, como as que resultaram no I Pacto de Estado em favor de um Judiciário

---

[22] Relatórios do Tribunal de Justiça. 2008.

[23] "Assessoria de Comunicação do CNJ. Disponível em: <www.cnj.jus.br>. Acesso em: 24 jan. 2009.

mais Rápido e Republicano, firmado em dezembro de 2004, tendo como objetivo o compromisso dos Poderes Judiciário, Executivo e Legislativo em torno da discussão de alguns temas fundamentais, a saber: implementação da reforma constitucional do Judiciário; reforma do sistema recursal e dos procedimentos; defensoria pública e acesso à justiça; juizados especiais e justiça itinerante; execução fiscal; precatórios; graves violações contra direitos humanos; informatização; produção de dados e indicadores estatísticos; coerência entre a atuação administrativa e as orientações jurisprudenciais já pacificadas; e o incentivo à aplicação das penas alternativas.[24]

No mesmo sentido, um II Pacto foi firmado, envolvendo representantes dos três poderes, tendo em sua pauta matérias como: execução penal, identificação e recambiamento de presos, superlotação de presídios (que apresentam um déficit de 185 mil vagas), melhorias na área de segurança pública e incremento no funcionamento de defensorias públicas.[25]

Como passo preparatório, a Resolução nº 33, de 10 de abril de 2007, dispôs sobre a criação do Sistema Integrado da População Carcerária no âmbito do Poder Judiciário Nacional. A respeito da execução penal provisória, foram editadas as Resoluções nº 19, de 29 de agosto de 2006, nº 56, de 28 de maio de 2008, e a nº 57, de 24 de junho de 2008. Os questionamentos iniciais quanto à Resolução nº 47, de 18 de dezembro de 2007, feitos por alguns juízes das varas especializadas, relativamente à sua responsabilidade quanto à inspeção nos estabelecimentos penais, foram superados, tendo havido adesão maciça aos chamados Mutirões Carcerários. Neste esforço conjunto do Judiciário e do Executivo, foram examinados 105.211 processos, sendo beneficiados 33.462 presos, sendo liberados 20.068 e concedidos outros benefícios aos detentos, como redução de pena, transferência de unidade, mudança de regime de prisão, trabalho extramuros, entre outros.

A crescente quantidade de processos sem solução e a demora em se tornar palpável a decisão transitada em julgado, apesar das diversas alterações do texto processual,[26] a angustiar a sociedade e os profissionais de direito, determinou a fixação de metas pelo CNJ cujo cumprimento vem sendo perseguido com afinco.

---

[24] I Pacto de Estado em favor de um Judiciário mais Rápido e Republicano.

[25] STF e CNJ selecionam projetos para II Pacto pela Reforma do Judiciário. Disponível em: <www.cnj.jus.br>. Acesso em: 14 jan. 2009.

[26] Código de Processo Civil, art. 475.

Assim, até 31 de dezembro de 2009, deveriam ter sido julgados todos os processos ajuizados até 31 de dezembro de 2005. A chamada Meta 2 provocou movimento ímpar em todo o Judiciário, contando com a adesão da grande maioria dos magistrados, tendo sido cumprida em sua maior parte e atingido outras consequências inicialmente não previstas, como a atualização da base de dados dos tribunais. Ainda buscando uniformizar essas bases de dados, o que permitiria sua integração e consequente utilização para fins estatísticos, foi implantada, por determinação do CNJ, numeração única em todos os processos judiciais.[27]

A Meta 2 continua de forma ambiciosa, devendo, até 31 de dezembro de 2010, serem julgados todos os processos ajuizados até 31 de dezembro de 2006. Diminuir o acervo, todavia, não é o suficiente, fazendo-se necessário que se dê conta da demanda acumulada, mas também dos novos processos, o que, segundo dados de 2009, apenas na Justiça do estado do Rio de Janeiro, atingiu um total de 8 milhões de processos.

Para tanto, em cumprimento à Meta 5, está sendo focada a mudança dos processos de trabalho, dando-se tratamento técnico-científico à forma pela qual é realizado o processamento cartorário, evitando-se os tempos mortos, o retrabalho, o desperdício material e de atividade. Nesse aspecto, o Tribunal de Justiça do Estado do Rio de Janeiro foi pioneiro, tendo obtido a certificação NBR ISO 9001 de órgão jurisdicional em 2007. Hoje, já são 23 as varas certificadas, de todas as especialidades, uma Secretaria de Câmara além dos Departamentos de Autuação e Distribuição, da Central de Acervos Arquivísticos e de uma Central de Mandados, bem como de seis órgãos administrativos, a servirem de modelo para a multiplicação que está sendo implementada com recursos internos. A certificação, feita semestralmente, por instituição independente, escolhida via processo licitatório, é forma de controle externo realizada de maneira isenta porque baseada em critérios eminentemente técnicos.

Não se pode negar que o contexto anterior à reforma foi alterado, sendo de se creditar ao CNJ a liderança desse processo, mas, com certeza, sua mais importante ação política foi concretizar a autonomia financeira do Poder Judiciário ante o Poder Executivo, dando vida ao texto do art. 99 da Constituição da República.

---

[27] Resolução nº 65 de 16/12/2008.

## 3. O Conselho Nacional de Justiça e sua função de controle

As razões que determinaram a existência do Conselho no Brasil não se afastam daquelas que serviram e vêm servindo de base para iniciativas semelhantes em todo o mundo; como se viu, a primeira delas foi a necessidade de controle, *accountability*.

Esse termo da língua inglesa não possui tradução exata para o português, sua gênese vincula-se à ética, sendo múltiplos os enfoques pelos quais pode ser entendido. Na administração, *accountability* é aspecto central da governança, tanto na esfera pública como no âmbito privado, estando ínsita na responsabilidade dos administradores, vinculada à obrigação que possuem os membros de um órgão administrativo ou representativo de prestar contas a instâncias controladoras ou a seus representados.

No campo da administração pública, tal obrigação não se esgota mediante a simples prestação de contas em termos quantitativos, vez que possui sentido mais amplo, diretamente vinculado à qualidade do ato praticado e à sua economicidade, consistindo ainda na responsividade; ou seja, na obrigação de os agentes do Estado serem responsáveis por suas decisões, ações ou omissões, o que é consagrado nas sociedades mais desenvolvidas.[28]

O poder político estatal, como expressão da soberania, é uno; todavia, para evitar sua concentração e risco de retorno do absolutismo, seu exercício é distribuído entre órgãos distintos, independentes e harmônicos, de tal modo que uns são limitados pelos outros.

Imanando da sociedade, é ela a primeira legitimada para exercer, ampla e efetivamente, o controle sobre a forma pela qual o poder por ela delegado é exercido nos diversos níveis da administração pública, com o objetivo de torná-lo mais eficaz, produzindo melhores resultados com menor custo.

Juarez Freitas[29] assinala a relação íntima e direta entre o Estado constitucional e aquele que chama de Estado das escolhas administrativas legítimas, ou seja, que não admite a discricionariedade sem limites e que esteja sujeito ao controle, identificando, com base nos princípios constitucionais, o direito subjetivo à administração pública eficiente. Afirma o

---

[28] PEREIRA JUNIOR, Jessé Torres. *Comentários à Lei de Licitações e Contratações da Administração Pública*. Rio de Janeiro: Renovar, 2007.

[29] FREITAS, Juarez. *Discricionariedade administrativa e o direito fundamental à boa administração pública*. São Paulo: Malheiros, 2007.

administrativista o direito fundamental à boa administração, formulado sob inspiração do art. 41 da Carta dos Direitos Fundamentais de Nice,[30] norma, a seu sentir, implícita e de eficácia direta e imediata em nosso direito constitucional.[31]

Segundo se extrai dos princípios informadores da República, é dever do administrador público justificar explicitamente, na tomada das decisões, a eleição dos pressupostos de fato e de direito para a prática do ato administrativo, razão pela qual a decisão administrativa deve estar acompanhada de motivação consistente e coerente, sob pena de sua nulidade, sendo-lhe, por outro lado, vedado revogar o ato hígido por meio de simples alegação de conveniência ou oportunidade.

No moderno direito administrativo, "toda a discricionariedade exercida legitimamente encontra-se, sob determinados aspectos, vinculada aos princípios constitucionais, de tal sorte que, quando o administrador público age de modo inteiramente livre, já deixou de sê-lo, tornou-se arbitrário".[32]

Há para o administrador o dever jurídico de escolher bem, de proceder à motivação consciente de seus atos, não podendo ele, entre várias hipóteses abstratamente comportadas pela norma, eleger qualquer delas para aplicar ao caso concreto, estando jungido a proceder à melhor escolha, de acordo com os princípios e as regras aplicáveis.[33]

É também Juarez Freitas quem faz ainda uma advertência quanto ao voluntarismo associado aos poderes exorbitantes e aos sectarismos que opõem a discricionariedade destemperada ao controle não menos excessivo, para uma exortação quanto ao hábito saudável da racionalidade dialógica e multiforme, ao lembrar que os novos tempos exigem o controle da legitimidade ao lado da eficiência e eficácia.[34] Com esse foco, lança um repto para que o controle seja exercido com coragem e determinação:[35]

> [...] em ambiente maculado, desde o período colonial, pela maciça exposição a métodos fisiológicos e até de sistêmica corrupção, a sindicabilidade

---

[30] Art. 45 da Carta dos Direitos Fundamentais de Nice. "*Il diritto ad una buona amministrazione europea come fonte di essenziali garanzie procedimentali nei confronti della pubblica amministrazione.*"

[31] Freitas, *Discricionariedade administrativa...*, op cit., p. 8.

[32] Ibid.

[33] MELLO, Celso Antônio Bandeira de. *Discricionariedade e controle jurisdicional.* São Paulo: Malheiros, 2002.

[34] Freitas, *Discricionariedade administrativa...*, op. cit., p. 17.

[35] Ibid., p. 8.

erguida ao plano dos princípios fundamentais merece uma afirmação mais incisiva, afastados os paralisantes temores no tocante ao protagonismo dos controladores. Descrição não significa, no Estado Constitucional, liberdade para o erro teratológico ou para vantagens indevidas e voluntarismos de matrizes irracionais, ainda que dissimulados em ideologia.

A função de controle, no que concerne à aplicação do sistema de freios e contrapesos, ao viabilizar a convivência harmônica e independente entre os poderes do Estado, possui natureza política decorrente do pacto constitucional, constituindo-se em um dos instrumentos de concretização da ordem democrática. Tal função caracteriza-se ainda como dever jurídico a ser exercido de maneira cogente e permanente na busca de resultados que atendam ao interesse público.[36]

A divisão funcional do poder, resultado empírico da revolução constitucional inglesa que consagrou o *Bill of Rights* de 1689, tal como teorizada por Locke[37] e consagrada na obra de Montesquieu,[38] foi alçada à categoria mais elevada no art. 16 da Declaração dos Direitos do Homem e do Cidadão.[39] A especialização preconizada na divisão clássica é relativa, havendo a predominância de funções em favor de cada um dos segmentos do poder, sendo, porém, de importância sua preservação no que toca ao controle recíproco que deve ser exercido, em nome da manutenção do próprio Estado.

Na atualidade, Lowenstein,[40] na obra *Political power and the governmental process*, sugere nova tripartição das funções do Estado, que nomeia "*policy determination*", "*policy execution*" e "*policy control*". As duas primeiras ínsitas nas funções governamental e administrativa, enquanto a terceira consiste no ponto crucial do regime constitucional, sendo esse controle indispensável para a manutenção da democracia e para a salvaguarda da própria liberdade individual.

[36] TORRES, Jessé Pereira Júnior. *Controle judicial da administração pública*: da legalidade estrita à lógica do razoável. Belo Horizonte: Fórum, 2006.
[37] LOCKE, John. *Segundo tratado do governo civil e outros escritos*. Petrópolis: Vozes, 2001. p. 86.
[38] Montesquieu, *O espírito das leis*, op. cit.
[39] "Art. 16. A sociedade em que não esteja assegurada a garantia dos direitos nem estabelecida a separação dos poderes não tem Constituição." Disponível em: <www.direitoshumanos/usp.br>. Acesso em: 21 jan. 2009.
[40] LOWENSTEIN, Karl. *Political power and the governmental process*. Chicago: University of Chicago Press, 1965.

Manuel Gonçalves Ferreira Filho,[41] por sua vez, lembra que não só deve ser fiscalizada a adequação das opções governamentais às opções populares ou ao bem comum, *controle político*, próprio do Poder Legislativo, como também a aplicação dessas decisões aos casos particulares, *controle formal*, para o qual é naturalmente indicado o Judiciário, salientando, a respeito da visão de Lowenstein, que *essa nova tripartição das funções abre, talvez, caminho para uma revisão da organização política ocidental, tarefa ingente e urgente*. O constitucionalista pátrio acrescenta que, do ponto de vista científico, deve-se reconhecer que a função de controle tem natureza administrativa, na medida em que é verificação da concordância de um ato com outro superior.

No mesmo sentido, Jessé Torres Pereira Junior[42] entende ser a função de controle um dever jurídico, porquanto determinada à produção de resultados de interesse público, sendo uma "etapa necessária de um processo sistêmico de trabalho na medida em que toda atuação estatal deve almejar gestão eficiente e eficaz dos meios que a sociedade deposita nas mãos dos gestores públicos".

Acerca do tema, colhe-se do magistério de Diogo de Figueiredo Moreira Neto:[43]

> Foi o *ius publicum* dos romanos, esquecido durante toda a Idade Média e desrespeitado pela Igreja, que favorecia o *ius canonicum* como instrumento de poder próprio, que se revelou surpreendentemente adequado para a contenção, primeiro do poder feudal e, depois, do absolutismo real.

É ainda de seu escólio que se retira a noção de que o direito público, renascido no alvorecer da Idade Moderna, com uma *ratio* diferente da que possuía na Roma antiga, serviu para afirmar e garantir certos direitos dos indivíduos, alcançando sua expressão máxima com a fundação do Estado liberal, inspirado pelas revoluções inglesa, americana e francesa, que geraram, respectivamente, o Parlamento e o direito parlamentar; a

---

[41] FERREIRA FILHO, Manuel Gonçalves. *Direito constitucional*. 32. ed. rev. e atual. São Paulo: Saraiva, 2006. p. 131-137.

[42] Pereira Junior, *Comentários à Lei de Licitações e Contratações da Administração Pública*, op. cit., p. 21.

[43] MOREIRA NETO, Diogo de Figueiredo. *O sistema judiciário brasileiro e a reforma do Estado*. São Paulo: Celso Bastos, 1999.

Constituição e o direito constitucional e a administração pública burocrática e o direito administrativo.[44]

O então novo direito público não objetivava mais garantir os interesses do rei, mas garantir o indivíduo em face do Estado, sendo então introduzida a noção de competência como medida do poder atribuído a qualquer órgão ou agente do Estado.

Outra característica desse período de formação do Estado liberal foi a sujeição de todos os indivíduos, pessoas físicas ou jurídicas e do próprio Estado ao primado da lei, caracterizando o chamado estado de direito. Em decorrência, construiu-se nos sistemas civilizados, de forma intensa e crescente, o controle de legalidade que, hoje, pode ser analisado sob duas concepções: a primeira, já mencionada, que envolve a submissão do agir estatal à norma legal, e a outra, consistente no controle de constitucionalidade da própria lei.

O Estado liberal, firmado no individualismo e no primado da legalidade, teve no positivismo jurídico sua doutrina estruturante, estabelecendo-se, então, uma ordem jurídica racional, sistematizada e de fácil absorção. Com o tempo, porém, essa visão extremamente tecnicista do direito restou superada. O conceito de legalidade, colocando o Estado como a fonte única do direito, não mais atendia aos reclamos de uma sociedade que se multiplicava e se tornava complexa.

Em continuidade, o Estado social, que em tudo intervinha ou era chamado a intervir, o chamado Estado instrumental, não deu conta de tanta demanda, sendo salvo, todavia, por dois fatores externos, quais sejam, a revolução das comunicações e a queda do socialismo.

Ressurgiu assim, no final do século passado, o liberalismo, agora sob o primado de uma sociedade multicultural, cujos interesses, variados e múltiplos, o Estado também não tem condições de atender. Foi necessário, por isso, acrescer ao conceito de legalidade o de legitimidade, como elemento de validade da norma e de toda a ordem jurídica, que passou a se fundar também em valores e na vontade da sociedade, que não mais se encontra submissa, cativa das informações fornecidas pelos autocratas ou tecnocratas, pois é participante e aberta ao debate e detém acesso imediato a informações veiculadas em tempo real pelos meios eletrônicos.[45]

---

[44] Ibid., p. 45.

[45] Moreira Neto, *O sistema judiciário brasileiro e a reforma do Estado*, op. cit., p. 50.

O interesse público deixou de ser monopólio do Estado, sendo de se registrar o surgimento de entidades intermédias, que passaram a atuar em nome da sociedade, na defesa dos direitos subjetivos fundamentais, individuais ou metaindividuais: coletivos, difusos ou individuais homogêneos.

Por sua vez, o Estado não é mais a única fonte de direito. Este surge das agências reguladoras, intra, extra e metaestatais, dos organismos internacionais, como a citada União Europeia, falando-se mesmo na existência de um metaconstitucionalismo.[46]

Uma nova era se inicia, com a sociedade assumindo seu papel de condutora de seu destino de forma consciente, saindo da subserviência do Estado para tomar nas mãos sua condução como titular da soberania política.

A ideia de controle permeia pois, a organização social, sendo ele exercido sobre individualidades ou entidades, com a finalidade de proteger a sociedade dos desmandos. Há mesmo, entre os sociólogos, aqueles que entendem que a sociedade só se mantém em razão desse controle, que produz ou restabelece a ordem interna atingida.[47]

No mundo contemporâneo, globalizado, há quem impute a perda da capacidade de manter a soberania à falta de controle dos Estados nacionais para equilibrar os diversos níveis de interesse dos agentes econômicos. Buscando manter a hegemonia de blocos econômicos, foram criados organismos supranacionais, como é o caso da União Europeia e do Mercosul, nos quais o controle é exercido sobre os Estados membros através de órgãos como o Tribunal Judicial Comunitário, o Parlamento Europeu, o Tribunal de Contas da Comunidade.[48]

Como referido, já no final do milênio passado, a separação de poderes não se fazia rígida, tendo sido mitigada com o correr dos tempos para, atualmente, ser entendida como mera técnica de descentralização de poder, através da separação de funções em órgãos autônomos, reciprocamente controlados. Nessa linha de diluição e controle do poder estão o federalismo e a administração consensual.

A este respeito, é de se destacar que a Constituição de 1988, de forma inequívoca, estabeleceu que a democracia se realizasse, não só através dos

---

[46] Ibid., p. 52.

[47] DICIONÁRIO enciclopédico de teoria e de sociologia do direito. Rio de Janeiro: Renovar, 1999. p. 160.

[48] Torres, *Controle judicial da administração pública*, op. cit., p. 18.

representantes eleitos pelo povo, mas também diretamente, nas formas por ela permitidas, sublinhando-se, entre outras, a possibilidade de qualquer cidadão poder denunciar ao Tribunal de Contas irregularidades ou ilegalidades cometidas pelos administradores públicos (art. 74, §2º), participar da gestão da seguridade social, participar do processo licitatório através de audiências públicas.

O Poder Judiciário, forjado sob a égide do liberalismo pós-revolucionário, precisa se adaptar aos novos tempos, compreender que, como os demais poderes, está sujeito a controle. No âmbito de sua atividade jurisdicional, o controle, inserido no sistema de recursos, está perfeitamente assimilado e não desperta maiores discussões.

Essas passam a surgir no campo de sua atividade administrativa, porquanto, em razão da autonomia conferida pela Constituição, alguns dos tribunais, entendendo-se soberanos, passaram a realizar a gestão segundo interesses da corporação judiciária, esquecendo-se de que o foco desta deve ser o jurisdicionado. Ainda dentro dos pontos negativos que se podem identificar na administração judiciária até então praticada está a falta de continuidade das gestões, a inobservância de um plano de ação de médio prazo, o qual, aliás, quando existente, não é discutido democraticamente com a magistratura, contemplando, na maioria das vezes, projetos pessoais do administrador.

Ademais, o magistrado não possui, de maneira geral, uma visão sistêmica sobre este outro lado do poder, em que são exercidas atividades de índole executiva e legislativa. Nem as escolas da magistratura dedicam uma parte de seu conteúdo programático a essa questão. Não raro, o magistrado, ao exercer funções meramente administrativas, comporta-se como se estivesse em sede jurisdicional e exerce o poder de forma absoluta, exigindo o cumprimento de determinadas ordens, que estariam em choque com o sistema de gestão em vigor.

É justamente neste aspecto que, como vimos, o Conselho Nacional de Justiça passou a atuar, estabelecendo políticas, definindo o planejamento estratégico para todo o poder, fixando metas e regulando algumas áreas de atuação de molde que, dentro de um critério uniforme, se possa mensurar os resultados e proceder a uma avaliação institucional com segurança, com vista a ações futuras.

No controle da atuação administrativa e financeira do Poder Judiciário, compete-lhe zelar pela observância do disposto no art. 37 da Constituição da República, procedendo à análise da legalidade dos atos administrativos praticados por membros ou órgãos daquele poder.

Trata-se, pois, não só da legalidade formal, mas também da legalidade substancial ou material, intimamente associada à legitimidade e economicidade, eficiência e eficácia, sob critério do razoável e do limite do *self-restraint judicial*, podendo desconstituí-los, revê-los ou fixar prazo para que se adotem as providências necessárias ao exato cumprimento da lei, sem prejuízo da competência do Tribunal de Contas da União.

Não se pode negar a posição de alguns dos Tribunais com relação ao que chamam de interferência desmedida do Conselho em matérias que lhes seriam próprias, a ponto de retirar-lhes parte da autonomia.[49]

As mais acirradas críticas lhe são dirigidas, porém, quando extrapola o limite de sua competência e aplica sanções a magistrados em razão de decisões jurisdicionais por eles tomadas.[50]

Fato é que, após cinco anos de sua instalação, ocorrida em 14 de junho de 2005, é de se reconhecer a influência que vem sendo exercida pelo Conselho no âmbito interno do próprio Poder Judiciário, principalmente na área da gestão, e também no âmbito externo, na medida em que muitas de suas ações espraiam consequências para outros poderes. Apenas para exemplificar, recorda-se a questão do nepotismo que, transformada em Súmula Vinculante, veio a ser estendida aos demais poderes que também proibiram, em todos os níveis, a nomeação de cônjuges ou parentes consanguíneos ou afins até o 3º grau para cargos comissionados.

## 4. Necessidade de foco no juiz — principal ator no projeto de mudança

Mencionamos que o inciso XXXV do art. 5º da Constituição da República consagra o princípio da inafastabilidade da jurisdição.[51] Daí, a grande preocupação continua a ser o acesso à Justiça, que compreende não só a facilitação

---

[49] A esse respeito anota-se, por exemplo, a insurgência da Associação dos Magistrados Brasileiros (AMB) quanto à alteração da Resolução nº 30 de 2007, ao uniformizar o procedimento disciplinar contra magistrados. Disponível em: <www.amb.com.br>. Acesso em: 12 nov. 2010.

[50] A respeito, o recente afastamento do juiz de Sete Lagoas por considerar inconstitucional a Lei Maria da Penha.

[51] Constituição da República Federativa do Brasil de 1998, art. 5º: "XXXV — A lei não excluirá da apreciação do Poder Judiciário lesão ou ameaça a direito".

para o ajuizamento das demandas, mas, principalmente, a possibilidade de solução dos conflitos trazidos ao Judiciário, de forma eficiente e em tempo razoável, inclusive pela via alternativa da conciliação e da mediação.

Segundo dados do Relatório do Conselho Nacional da Justiça,[52] tendo por base levantamentos pertinentes ao ano de 2006, o número de novos casos no 1º grau por 100 mil habitantes foi, no Rio de Janeiro, 519.452, e no 2º grau, 129.070, isso sem considerar os Juizados Especiais, onde ingressaram 574.025 casos por grupo de 100 mil habitantes. Desses dados pode-se tirar a ilação de que cada um dos habitantes do estado ajuizou por volta de 5,19 ações na justiça comum, 5,74 ações nos juizados especiais e interpôs 1,29 recurso para o Tribunal de Justiça. Em 2009, o número de processos em tramitação no Judiciário foi de 8.200.857, enquanto no ano de 2010, até 10 de novembro, esse número era de 7.878.104. Considerando os dados de 2009, segundo os quais a população do estado do Rio de Janeiro era de 16.010.429, pode-se afirmar que, de cada dois habitantes, um possui uma ação em andamento.

Esses dados sugerem que, pelo menos formalmente, houve progressos quanto à acessibilidade, em sua primeira fase, qual seja, quanto ao ingresso no Judiciário. Resta que se continue a perseguir a outra ponta, a entrega da prestação jurisdicional.

A respeito, muito se tem falado sobre o controle da produtividade dos magistrados, o que vem sendo feito exclusivamente quanto a aspectos quantitativos, sem que haja preocupação quanto a qualidade das decisões tomadas, com suas consequências, ou com aspectos que envolvam a pessoa do magistrado. Sabe-se que muitas são as causas repetitivas ou cujo exame não requer maior complexidade; outras, porém, envolvem matéria complexa, a demandar um tempo necessário à elaboração de solução, sendo certo que essa, como trabalho intelectual que é, não se produz de forma mecânica.

O reconhecimento dos direitos humanos em órbita internacional, a inclusão de novos direitos na Constituição de vários países do Ocidente, as descobertas científicas e inovações tecnológicas surgidas após a II Guerra Mundial, propiciando o incremento das relações comerciais, contribuíram para o aumento da demanda. O fenômeno, que é mundial, reflete características da sociedade moderna, englobando a litigiosidade contida, assim

---

[52] CONSELHO NACIONAL DE JUSTIÇA. Disponível em: <www.cnj.jus.br>. Acesso em: 22 set. 2008.

como a induzida ou incentivada, representando não só crescimento quantitativo, mas também qualitativo. Referindo-se ao que ocorrera no Judiciário francês, Roger Perrot[53] constatou:

> No século XIX, os litígios versavam em geral sobre a propriedade das terras, sobre alguns contratos comerciais cuidadosamente catalogados e disciplinados pela lei, sobre a definição de sucessões ou de regimes matrimoniais, por vezes, ademais com alguns problemas de filiação, isto é, em resumo, sobre fortuna adquirida objeto de disputas que não exigiam necessariamente solução imediata. Litigava-se com frequência, família contra família, ao longo de várias gerações. Ora, em nossos dias, é diferente o contexto. A grande maioria dos processos envolve questões que impregnam nossa vida cotidiana: é o assalariado que encontra dificuldades para obter do empregador uma indenização por despedida; é a vítima de acidente rodoviário que não recebe da companhia seguradora a prestação reparadora com que contava; é um locatário cuja locação foi resilida e está ameaçado de despejo; é uma mãe abandonada que espera em vão uma pensão alimentar ou se bate para conservar a guarda dos filhos; e que dizer dos processos que nossa sociedade de consumo fez nascer, com créditos distribuídos a torto e direito e que não raro põem o consumidor na necessidade de ir a juízo para escapar de cláusulas abusivas ou à cobrança de juros astronômicos. Cumpre que nos rendamos à evidência: sociologicamente, o processo deslocou-se na direção de camadas populacionais de condições mais modestas, que vivem de seus ganhos e são comumente designadas por "classes médias".

Esse é também o quadro que encontramos em nosso país, principalmente após o advento da Constituição de 1988, que, além de dispor sobre quase todos os ramos do direito, contemplou novos, ampliando o leque de seus titulares. Apenas para exemplificar, lembramos que, com apoio no princípio da igualdade, companheiros de ambos os sexos, inclusive nos casos de relações homoafetivas, passaram a reivindicar direitos previdenciários, o que era inadmissível sob o regime anterior; isso sem se falar na

---

[53] PERROT, Roger. O processo civil francês na véspera do século XXI. *Revista Forense*, Rio de Janeiro, n. 342, p. 161-168, abr./maio/jun. 1998.

multitude de pedidos envolvendo a concretização dos direitos sociais ou exigindo respeito a direitos do consumidor ou do usuário, tendo-se sempre que repisar que o maior número de demandas nasce da omissão do próprio poder público em cumprir com suas obrigações para com os servidores, para com os beneficiários do sistema de previdência, ou de sua resistência quanto a questões tributárias ou econômicas já sedimentadas ou ainda quanto àquelas atinentes à sua responsabilização.

Fato é que hoje a demanda é massificada e complexa, sendo praticamente inócuos os meios com que busca o Poder Judiciário enfrentá-la. Embalde se vem utilizando recursos informacionais, técnicas de gerenciamento, estabelecendo-se metas, realizando-se mutirões, apelando-se para formas alternativas de solução dos conflitos.

Tratando da matéria, Vera Lúcia Feil Ponciano[54] identificou como determinantes do aumento do número de processos: a) a disparidade gravíssima ente o discurso jurídico e a planificação econômica; b) a instabilidade normativa e a inflação jurídica decorrente da produção legislativa desordenada e desenfreada pelo Executivo e Legislativo, inclusive contrariando a Constituição Federal; c) o aumento da burocracia estatal; d) a produção legislativa impulsionada unicamente pelo clientelismo político; e) omissão do Estado na implantação das políticas públicas necessárias à efetivação dos direitos garantidos pela atual Constituição; f) desobediência à Constituição e às leis pelo próprio poder público.

Esses fatores, que extrapolam o âmbito estrito do Judiciário, se somam ao cipoal de motivos internos que, como vimos, podem ser identificados pelo excesso de demandas, falta de recursos materiais e humanos, equívocos no processo de seleção, déficit na formação profissional, ausência de comprometimento, forma autocrática pela qual são geridos os recursos orçamentários e financeiros, tornando muito difícil a missão de planejar e dirigir o Poder Judiciário. Mas não é só; é preciso enfrentar os desafios emergentes do inexorável fenômeno da mundialização, caracterizado, entre outros elementos, pela velocidade de evolução de informações e conhecimentos nas diversas áreas e pela volatilidade de mercados financeiros, que atinge de forma vigorosa o histórico fenômeno da exclusão social, para o que é indispensável a superação do pensamento estratificado que marcou

[54] Ponciano, *Morosidade da Justiça*, op. cit.

a exegese jurídica positivista e serviu para fortalecer vigorosamente o modelo social e econômico elitista.[55]

No afã de se eliminarem as causas da morosidade, muito se tem discutido quanto à necessidade de simplificar os trâmites processuais, mormente no que se refere ao processo executivo. Ao longo dos últimos anos, reformas pontuais foram feitas com esses objetivos, mas, à falta de pesquisa empírica, não se tem ainda como avaliar seus resultados, restando apenas a impressão de que, em sua maioria, não foram significativos.

Conhece-se a respeito trabalho feito na FGV/RJ relativamente à decisão monocrática e ao agravo interno,[56] cujas conclusões orientam-se no sentido da eficácia desse procedimento. Diz a pesquisadora que 53,8% dos agravos de instrumento e 31,5% das apelações são julgados monocraticamente, e 1/3 dessas decisões singulares são atacadas por agravo interno. Que, em 2008, o julgamento monocrático e o do agravo interno levavam uma média de 84,2 dias no caso de apelação e 77,4 dias no caso de agravo, o que é 30% mais célere do que se houvesse o julgamento tradicional por acórdão.

Quanto às execuções, para se abreviá-las, buscou-se a responsabilização dos devedores inadimplentes com aplicação de multas; da mesma forma com relação àqueles que usam abusivamente do sistema recursal; todavia, tais soluções demonstram-se insuficientes.

O congestionamento também atingiu os tribunais superiores levando-os à adoção de sistema de filtragem, tendo a Emenda Constitucional nº 45/2004 incluído por meio do §3º no art. 102 da Constituição Federal[57] a exigência de demonstração da repercussão geral das questões constitucionais discutidas como pressuposto de admissibilidade, regulamentada pela Lei nº 11.418, de 19 de dezembro de 2006. Similarmente foi editada a Lei nº 11.672, de 8 de maio de 2008, que acresce o art. 543-C à Lei nº 5.869, de 11 de janeiro de 1973 — Código de Processo Civil, estabelecendo o procedimento para o julgamento de recursos repetitivos no âmbito do Superior Tribunal de Justiça.

---

55 LEÃO, Elisabeth. A realidade vigente na administração de tribunais. In: LEÃO, E. (Org.). *Qualidade na Justiça*. São Paulo: INQJ, 2004. p. 19.

56 FERRAZ, Leslie Sherida. *Decisão monocrática e agravo interno*: celeridade ou entrave processual? A Justiça no estado do Rio de Janeiro. Rio de Janeiro: Centro de Justiça e Sociedade da FGV Direito Rio, 2009. p. 75-76.

57 "§3º No recurso extraordinário, o recorrente deverá demonstrar a repercussão geral das questões constitucionais discutidas no caso, nos termos da lei, a fim de que o Tribunal examine a admissão do recurso, somente podendo recusá-lo pela manifestação de dois terços de seus membros." Emenda Constitucional nº 45, de 2004.

Na avaliação feita à época pelo ministro Luiz Fux,[58] da 1ª Seção do STJ, a referida medida iria reduzir o número de recursos extraordinários em 90%, mormente porque também serão julgados em bloco todos os processos cujas teses jurídicas estão sumuladas e as questões nas quais há ponto de vista convergente da Primeira e da Segunda Turmas do Tribunal. Segundo sua análise, a Primeira Seção — com competência em matérias de direito público, predominantemente de natureza tributária e administrativa, cujos temas a serem decididos, em sua maior parte, são exclusivamente de direito — é a que mais deve se beneficiar com a aplicação da lei.

Transcorrido mais de um ano, vê-se que resultados positivos foram alcançados, não se sabe se no percentual preconizado. Resta, porém, que se avalie o impacto sofrido pelos tribunais de origem nos quais elevado acervo aguarda as manifestações dos tribunais superiores a respeito do paradigma que orientará a subida dos recursos extraordinário e especial, e ainda como se está procedendo com relação àqueles que, não passando nesta filtragem, são admitidos.

Estamos no limiar da promulgação de um novo Código de Processo Civil, forjado sob a tônica da coletivização. Quiçá as esperanças que estão nele depositadas e no inevitável processo eletrônico se transformem em realidade.

Na pós-modernidade, as atividades da magistratura tornaram-se mais complexas e desafiadoras, uma vez que não mais se admite que o magistrado seja mero aplicador da lei, devendo assumir a função de seu intérprete, e, como tal, orientar suas decisões segundo os princípios constitucionais, zelando por sua efetividade.[59] De muito se ultrapassou a simples subsunção. Hoje é missão do Judiciário e de cada juiz dar concretude às promessas constitucionais.

Isto não significa, todavia, que o magistrado possa atuar contramajoritariamente, afastando aquela lei que foi criada dentro do sistema democrático previsto, a menos que a mesma esteja eivada de inconstitucionalidade. Não lhe é dado criar a lei, decidindo de forma arbitrária, segundo sua vontade,

---

[58] FUX, Luiz. Limpeza em bloco. Entrevista. *Consultor Jurídico*. Disponível em: <www.conjur.com.br>. Acesso em: 26 nov. 2008.

[59] FARIA, José Eduardo. A crise do Judiciário no Brasil: notas para discussão. In: SARLET, Ingo Wolfgang (Coord.). *Jurisdição e direitos fundamentais*: anuário 2004/2005. Porto Alegre: Escola Superior da Magistratura do Rio Grande do Sul (Ajuris), Livraria do Advogado, 2006. p. 22-27.

crenças pessoais ou preconceitos. Deve, sim, ser seu hermeneuta, interpretar o direito posto segundo os princípios que o legislador constitucional elegeu.

Lênio Streck adverte para a existência, no seio da comunidade jurídica brasileira, de um imaginário, com forte sustentação na doutrina, no interior do qual o "decidir" de forma solipsista encontra "fundamentação" no paradigma da filosofia da consciência. Continua dizendo que essa questão assume relevância e deve preocupar a comunidade jurídica, uma vez que, levada a extremo, a lei, aprovada democraticamente, perderá (mais e mais) espaço diante daquilo que "o juiz pensa acerca da lei".[60]

Sem o conhecimento das chamadas ciências humanísticas, filosofia, sociologia, antropologia, sem o conhecimento de administração e noções de macroeconomia, o juiz contemporâneo sente déficit considerável em sua formação. Isso porque possui inegável formação positivista, mas, a partir de sua posse, lhe é cobrada uma postura de índole humanista, voltada para a concretização dos direitos fundamentais.

Daí se insistir na importância de seu preparo técnico-jurídico e humanístico, sem o que não cumprirá sua principal missão, qual seja, dar concretude ao projeto constitucional.

Até hoje, paradoxalmente, as universidades vêm transmitindo o conhecimento que o Poder Judiciário e as organizações profissionais não exigem e, em contrapartida, o Poder Judiciário e as organizações profissionais têm exigido o que a universidade não ensina.

Aurélio Wander Bastos[61] menciona o fato de que no ensino jurídico, "pelas suas especiais circunstâncias, o processo formativo está indissoluvelmente vinculado à percepção compreensiva da ordem estabelecida e da prática dos Tribunais". O autor alerta que "esta especial inclinação dificulta sempre o ensino e a aprendizagem como processo de transformação social, favorecendo o papel dos modelos de ensino por reprodução do que por criação acadêmica".

A correlação entre as práticas dos tribunais e o processo de ensino jurídico faz com que se afirme a importância de o magistrado possuir formação mais abrangente, em que, ao lado de base dogmática, doutrinária,

---

[60] STRECK, Lênio Luiz. *O que é isto — decido conforme minha consciência?* Porto Alegre: Livraria do Advogado, 2010. p. 30.

[61] BASTOS, Aurélio Wander. Pensar e saber os novos rumos do ensino jurídico no Brasil. In: LEGISLAÇÃO brasileira sobre ensino jurídico. Rio de Janeiro: OAB/RJ, set. 2004. p. 16.

legislativa e jurisprudencial, saiba compreender o fenômeno da jurisdição numa justiça de massa e entender as consequências socioeconômicas de suas decisões.

Como fazer para suprir esta lacuna?

Este é, a meu sentir, o papel das escolas de magistratura, ao atuar na seleção, formação e aprimoramento do magistrado, porquanto é ele, sem dúvida nenhuma, o principal ator da relação processual, o condutor do processo, o responsável direto por sua efetividade. Apesar dessa importância, só recentemente o CNJ vem se ocupando em regrar a organização e o conteúdo dos concursos seletivos, e fazendo-o, todavia, em alguns pontos, em divergência com a normatização já expedida pela Escola Nacional da Magistratura, órgão que, na estrutura do STJ, está constitucionalmente incumbido dessa atribuição. Essa escola, deixando ao largo a problemática acima delineada no que se refere ao processo seletivo, por suas recentes administrações, colocou-se como órgão estabelecedor das políticas de educação para os magistrados.

Por sua vez, como responsáveis pela execução dessas políticas, as escolas da magistratura oficiais, vinculadas ao Poder Judiciário, vêm convivendo, harmonicamente, com aquelas outras instituições de ensino vinculadas às Associações de Magistrado, as quais, em princípio, não estariam obrigadas a seguir aquelas orientações. Essas escolas, públicas e associativas, têm se ocupado não só da formação, como do aperfeiçoamento e da atualização dos magistrados.

Os cursos de formação, como se sabe, são ministrados aos juízes recém-empossados, num período de cerca de quatro meses, nos quais eles não possuem ainda lotação, funcionando como auxiliares de juízes mais antigos. Possuem uma parte teórica consistente na participação de aulas, seminários, encontros, pessoais ou virtuais, e outra prática, quando, ao lado de um colega, participa e realiza audiências, prolata sentenças. Nessa fase, o juiz está sujeito à avaliação pelo Conselho de Vitaliciamento, que, ao final, o indicará ou não para ser vitaliciado.

Segundo a alínea "c" do inciso II do art. 93 da Constituição da República, com a redação que lhe deu a Emenda Constitucional nº 45, de 30 de dezembro de 2004, para fins de promoção por merecimento, além da análise do desempenho do magistrado, segundo critérios objetivos de produtividade e presteza no exercício da jurisdição, será levada em conta sua frequência e aproveitamento em cursos oficiais ou reconhecidos de aperfeiçoamento.

Diante deste regramento, os tribunais têm buscado junto à Escola Nacional de Formação e Aperfeiçoamento de Magistrados (Enfam) o reconhecimento de cursos que propõem realizar. Isso, todavia, ainda de forma isolada, tendo por foco exclusivamente a informação, faltando a discussão e implementação de uma política de formação e aperfeiçoamento do magistrado segundo o paradigma da pós-modernidade.

Para dar conta de sua atribuição de propor oportunidades de capacitação, os tribunais, por suas escolas oficiais e mesmo através das escolas associativas, vêm procurando motivar seus juízes no que concerne à frequência aos seminários, encontros e cursos que promovem, estabelecendo pontuação que será computada em caso de promoção ou remoção. A limitação pela Enfam dessa participação em 20 horas semestrais e o aproveitamento por algumas escolas de pontos computados antes da normatização constitucional vêm esvaziando os eventos educativos realizados.

Todas essas questões que surgem, tão só se levante a ponta da problemática que se procurou delinear, ainda que em análise perfunctória, e muitas outras a ela pertinentes, precisam, a meu sentir, ser conhecidas e discutidas, porquanto trazem como consequência impacto direto na efetividade da jurisdição.

## 5. Conclusões

Nesse ponto, é de se admitir que, mesmo que os óbices materiais sejam superados, outro tão ou mais importante persistirá. Muito há de se fazer, principalmente no que tange aos magistrados, servidores e auxiliares da Justiça, elementos vitais para que se busque a concretização das transformações indispensáveis a esse poder.

Não se pode negar que tanto o Conselho como a Enfam, assim como iniciativas de diversos tribunais e de Associações de Magistrados, têm buscado minimizar as carências nesse setor. A nosso sentir, as soluções pontuais não têm, nem terão, o condão de viabilizar as mudanças por que se espera, sendo indispensável que se construa uma política para a seleção, formação, aperfeiçoamento e valorização das pessoas que possibilitam a viabilização dos serviços judiciais, a ser discutida com os diversos segmentos envolvidos, de molde a criar comprometimento desses atores, fator indispensável para o sucesso de qualquer empreendimento.

A análise dessa problemática faz emergir a premência de se construir, juntamente com a sociedade civil, o perfil deste juiz contemporâneo, voltado para as questões sociais, garantidor dos direitos fundamentais, que, além de técnico quanto à matéria jurídica, seja um verdadeiro humanista e administrador de conflitos, na esteira da principiologia constitucional.

Hoje, podemos dizer que o juiz precisa, verdadeiramente, assemelhar-se a um Hércules, na construção metafórica de Dworkin, pois é aquele que profere decisões de qualidade em tempo razoável à complexidade do processo, mas é aquele também que, como gestor de sua Vara, faz imprimir efetividade às decisões que proferiu, é líder, atinge metas, está sempre disposto a transformar erros em possibilidades de melhoria. Mas é também uma pessoa articulada com os anseios sociais e preocupado com as consequências das decisões que profere no mundo prático.

Não há, pois, mais espaço para se insistir no modelo empírico-primitivo, no qual, ante a ausência de capacidade técnica do juiz quanto à matéria administrativa, o governo do Poder Judiciário se restringe à cúpula, com grande margem de arbitrariedade; nem no modelo técnico-burocrático, no qual o juiz possui capacidade técnica, mas, em razão da verticalização do poder, se torna apolítico, asséptico.

Urge que se construa o Judiciário democrático, aberto à ampla participação dos magistrados, no qual esses conheçam os meandros do poder, possuam uma visão sistêmica, integrada de suas regras e de seu funcionamento, estejam dispostos a participar, a auxiliar com suas ideias e experiências, buscando transformar, interna e externamente, seus contornos liberais absolutistas naqueles próprios de um estado democrático de direito. Tudo com a visão posta na sociedade, no bem comum e nunca em seu próprio interesse.[62]

Com uma história funcional no Poder Judiciário do estado do Rio de Janeiro de 41 anos, dos quais dez como servidora, chegando a ser diretora-geral do extinto Tribunal de Alçada Cível, e o restante como magistrada, sempre afeta às questões administrativas, tendo presidido a Comissão de Gestão e Modernização do Poder Judiciário, me permiti alinhar essas preocupações e ponderações, com o objetivo de colaborar para a realização de um Judiciário sempre melhor, que atenda aos anseios de seus destinatários.

---

[62] ZAFFARONI, Eugenio Raul. Conferência proferida na Universidade de São Paulo (USP) em 28 de setembro de 1993. Apud GOMES, Luiz Flávio. *A questão do controle externo do Poder Judiciário*. São Paulo: Revista dos Tribunais, 1993.

## Referências

ASSESSORIA DE COMUNICAÇÃO DO CNJ. Disponível em: <www.cnj.jus.br>. Acesso em: 24 jan. 2009.

BASTOS, Aurélio Wander. Pensar e saber os novos rumos do ensino jurídico no Brasil. In: LEGISLAÇÃO brasileira sobre ensino jurídico. Rio de Janeiro: OAB/RJ, set. 2004.

BUSATO, Roberto Antonio. O Poder Judiciário e a morosidade da Justiça. *O Liberal*, 25 jan. 2004.

CONSELHO NACIONAL DE JUSTIÇA. Disponível em: <www.cnj.jus.br>. Acesso em: 22 set. 2008.

DALLARI, Dalmo. *O poder dos juízes*. São Paulo: Saraiva, 2007.

DICIONÁRIO enciclopédico de teoria e de sociologia do direito. Rio de Janeiro: Renovar, 1999.

FARIA, José Eduardo. A crise do Judiciário no Brasil: notas para discussão. In: SARLET, Ingo Wolfgang (Coord.). *Jurisdição e direitos fundamentais*: anuário 2004/2005. Porto Alegre: Escola Superior da Magistratura do Rio Grande do Sul (Ajuris), Livraria do Advogado, 2006. p. 22-27.

FERRAZ, Leslie Sherida. *Decisão monocrática e agravo interno*: celeridade ou entrave processual? A Justiça no estado do Rio de Janeiro. Rio de Janeiro: Centro de Justiça e Sociedade da FGV Direito Rio, 2009.

FERREIRA FILHO, Manuel Gonçalves. *Direito constitucional*. 32. ed. rev. e atual. São Paulo: Saraiva, 2006. p. 131-137.

FREITAS, Juarez. *Discricionariedade administrativa e o direito fundamental à boa administração pública*. São Paulo: Malheiros, 2007.

FUX, Luiz. Limpeza em bloco. Entrevista. *Consultor Jurídico*. Disponível em: <www.conjur.com.br>. Acesso em: 26 nov. 2008.

GOMES, Luiz Flávio. *A questão do controle externo do Poder Judiciário*. São Paulo: Revista dos Tribunais. 1993.

JUSTIÇA em Números 2009. Disponível em: <www.cnj.jus.br>. Acesso em: 10 nov. 2010.

LEAL, Rogério Gesta. *O Estado-juiz na democracia contemporânea*: uma perspectiva procedimentalista. Porto Alegre: Livraria do Advogado, 2007.

LEÃO, Elisabeth. A realidade vigente na administração de tribunais. In: LEÃO, E. (Org.). *Qualidade na Justiça*. São Paulo: INQJ, 2004.

LOCKE, John. *Segundo tratado do governo civil e outros escritos*. Petrópolis: Vozes, 2001.

LOWENSTEIN, Karl. *Political power and the governmental process*. Chicago: University of Chicago Press, 1965.

MELLO, Celso Antônio Bandeira de. *Discricionariedade e controle jurisdicional*. São Paulo: Malheiros, 2002.

MENDES, Gilmar. A Constituição e a estabilidade democrática. *Folha de S.Paulo*, 19 out. 2008.

MONTESQUIEU, Charles-Louis de Secondat, barão de La Bréde e de. O espírito das leis. In: _____. *Os pensadores*. São Paulo: Abril Cultural, 1973.

MOREIRA NETO, Diogo de Figueiredo. *O sistema judiciário brasileiro e a reforma do Estado*. São Paulo: Celso Bastos, 1999.

PEREIRA JUNIOR, Jessé Torres. *Comentários à Lei de Licitações e Contratações da Administração Pública*. Rio de Janeiro: Renovar, 2007.

PERROT, Roger. O processo civil francês na véspera do século XXI. Trad. José Carlos Barbosa Moreira. *Revista Forense*, Rio de Janeiro, n. 342, p. 161-168, abr./maio/jun. 1998.

PONCIANO, Vera Lúcia Feil. Morosidade da Justiça: crise do Judiciário ou crise do Estado? *O Estado do Paraná*, 10 jul. 2008.

REALE, Miguel Júnior. *Época*, São Paulo, 30 jan. 2004.

SADEK, Maria Tereza. O Judiciário em questão. *Revista São Paulo em Perspectiva*, São Paulo, v. 10, n. 3, 1996.

STF e CNJ selecionam projetos para II Pacto pela Reforma do Judiciário. Disponível em: <www.cnj.jus.br>. Acesso em: 14 jan. 2009.

STRECK, Lênio Luiz. *O que é isto — decido conforme minha consciência?* Porto Alegre: Livraria do Advogado, 2010.

_____; MORAIS, José Luis Bolzan de. *Ciência política e teoria do Estado*. 6. ed. Porto Alegre: Livraria do Advogado, 2008.

TORRES, Jessé Pereira Júnior. *Controle judicial da administração pública*: da legalidade estrita à lógica do razoável. Belo Horizonte: Fórum, 2006.

# A nova Lei de Recuperação de Empresas e Falências: uma análise econômica*

Luiz Roberto Ayoub

Neste primeiro momento, pretende-se demonstrar os efeitos atrelados à existência de uma legislação moderna e eficiente no cenário jurídico sobre a ordem econômica. Para tanto, será feita uma breve abordagem do contexto histórico falimentar brasileiro e, em seguida, serão indicadas as principais inovações trazidas por essa nova legislação, as quais tiveram influência direta na viabilização do acesso ao crédito, conforme será possível visualizar na apresentação de alguns estudos que demonstram tal relação.

## 1. O sistema falimentar brasileiro

As legislações falimentares refletem as tradições jurídicas de cada país, de maneira que cada uma irá ganhar a forma que lhe é peculiar. Assim, legislações falimentares de países de origem Common Law tendem a ser mais protetivas ao credor, ao passo que, em países de tradição da Civil Law, a tendência é que sejam mais protetivas ao devedor, o que se mostrou bem evidente nas legislações falimentares brasileiras até a edição da Lei nº 11.101/2005.

---

* Colaboraram neste capítulo Dione Valesca Xavier e Frederico de Souza Moreno, bacharéis em direito pela Escola de Direito do Rio de Janeiro da FGV.

No Brasil, é possível dizer que o Decreto-Lei nº 7.661/1945 foi o primeiro instrumento normativo responsável por regular o procedimento falimentar. Entretanto, essa legislação apresentava elementos que faziam com que o procedimento falimentar fosse altamente burocrático e lento, tornando-o, assim, um procedimento totalmente ineficiente. Ademais, o processo de liquidação da sociedade empresária se mostrava altamente arcaico, de maneira que a enorme falta de transparência, aliada ao fenômeno da sucessão imediata dos créditos tributários e trabalhistas, fazia com que os credores se desinteressassem de participar do procedimento falimentar, uma vez que eram pequenas as chances de reaverem seus créditos. Dessa forma, sem o exercício da fiscalização por parte dos credores, o procedimento falimentar acabava por tornar-se um ambiente fértil para a ocorrência de fraudes.

Com efeito, percebendo a necessidade de reformar a legislação falimentar e tornar o sistema falimentar um instrumento de recuperação de crédito mais efetivo, foi proposto, em 1993, na Câmara dos Deputados, o Projeto de Lei nº 4.376/1993, que, após inúmeras emendas, se transformou na Lei nº 11.101/2005. Contudo, antes de adentramos nas peculiaridades da nova lei, listarei os principais motivos que culminaram na proposta de reforma do sistema falimentar.

## 2. Motivos que contribuíram para a reforma do sistema falimentar

Um sistema falimentar eficiente e compatível com a dinâmica das relações empresariais e econômicas é de fundamental importância para o crescimento de um país. Nesse sentido, uma legislação falimentar moderna acaba por influenciar na segurança das relações jurídicas e, por consequência, acaba por gerar impactos nas taxas de juros e acesso ao crédito. Logo, essas premissas se mostram indissociáveis, na medida em que se os agentes possuem uma maior confiança de que conseguirão reaver seus créditos, a tendência é de que os juros — que estão atrelados aos riscos de retorno — reduzam, bem como de que os canais de acesso também sejam maiores.

Em estudo realizado pelos economistas Aloísio Araújo e Bruno Funchal,[1] ambos da Fundação Getulio Vargas, foi destacada uma pesquisa

[1] CINTRA, Aloísio Araújo; FUNCHAL, Bruno. A nova Lei de Falências brasileira: primeiros impactos. *Revista de Economia Política*, v. 29, n. 3, p. 191-212, 2009. Ver também: CINTRA, Aloísio

realizada por Bergoeing et al. (2002), na qual objetivou-se avaliar as razões que diferenciavam as recuperações pós-crise vividas pelas economias chilena e mexicana.

Segundo o estudo, como resultado, a economia chilena apresentou maiores índices de crescimento, e o principal elemento que as diferenciavam decorria da qualidade de suas legislações falimentares, visto que todas as outras variáveis levariam a resultados idênticos.[2] Para tanto, conforme é possível visualizar no gráfico 1, a qualidade de um sistema falimentar — visto que a geração de um ambiente mais seguro possibilita maior acesso ao crédito — assume papel de fundamental importância na relação crédito/PIB de um país.

**Gráfico 1**

Trajetórias da razão Crédito Privado/PIB

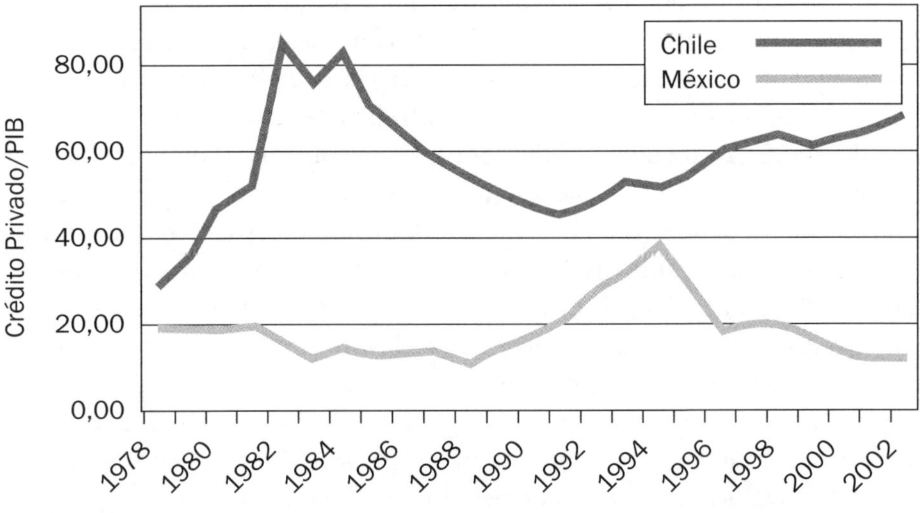


Fonte: WDI 2004.

Araújo; LUNDBERG, Eduardo Luis. A nova Lei de Falências: uma avaliação. In: SEMINÁRIO DE ECONOMIA BANCÁRIA E CRÉDITO, 2003, São Paulo. *Sobre a instituição: eventos*. Banco do Brasil, 2003.

[2] Cintra e Funchal, A nova Lei de Falências brasileira, op. cit. Diferentemente do Chile, que tinha acabado de reformar sua legislação, no México ainda vigorava uma Lei de Falências obsoleta e de difícil uso, formulada em 1943. Constatou-se que a reforma do sistema falimentar no Chile teve efeito tanto no incentivo à acumulação de capital quanto na eficiência alocativa de capital.

Por essas e outras razões, o legislador brasileiro se viu motivado a modernizar o sistema falimentar brasileiro, a fim de que fosse possível criar um ambiente institucional e normativo capaz de acompanhar as novas dinamicidades do mundo moderno, impulsionado pelo capitalismo e pela globalização. Assim, era necessário construir um sistema normativo apto a suprir as demandas creditórias e fazer da legislação falimentar uma aliada ao crescimento econômico.

No entanto, não seria uma tarefa fácil encontrar o ponto de equilíbrio e fazer dessa uma legislação capaz de equilibrar os interesses de credores e devedores, bem como de satisfazer o preceito de se tornar uma aliada ao crescimento econômico. Assim, diante desse cenário, optou-se por analisar o direito estrangeiro.

A legislação americana — Chapter 11 — foi o principal marco referencial para a reforma do sistema falimentar brasileiro — no que refere-se à recuperação judicial —, o que, de certa forma, acabou por se mostrar uma "mistura" positiva, uma vez que buscou conciliar dois modelos que, originariamente, contemplam conotações diferentes de legislação. Assim, essa mostrou ser uma boa escolha para retirar da legislação brasileira o excesso de proteção aos devedores, na medida em que contrabalanceou dois sistemas tradicionalmente opostos — maior proteção aos credores × proteção aos devedores.

Desse modelo, extraiu-se a ideia de valorização dos ativos da empresa, isto é, a legislação falimentar teria de se mostrar um instrumento capaz de atribuir valor aos ativos da empresa em dificuldades financeiras ou àquelas em estado de insolvência, razão pela qual se contemplou como valor máximo a ser tutelado *a recuperação*. Ou seja, a legislação teria de se mostrar um instrumento no qual as empresas pudessem se apoiar e se recuperar, de forma que fosse possível recuperar ativos que, naquele momento, se encontravam desvalorizados e/ou, até mesmo, sem qualquer valor.

Influenciado por essas ideias e com a certeza de que o Brasil necessitava de uma alavancagem em seu sistema falimentar, devido às externalidades negativas produzidas por ele, entrou em vigor em 9 junho de 2005, após mais de uma década de tramitação, a nova legislação falimentar brasileira — Lei nº 11.101/2005 —, a qual passou a ser o novo instrumento normativo regulador do processo de falência e recuperação judicial e extrajudicial.

Essa nova legislação trouxe consigo elementos inovadores e que, sem sombra de dúvida, provocaram uma verdadeira modernização do sistema falimentar brasileiro porque acabaram possibilitando que mais sociedades empresárias economicamente eficientes se reabilitem, uma vez que se estabeleceu uma espécie de "balanceamento" entre liquidação e reorganização.[3] Diferentemente do que ocorria no passado, no processo de recuperação judicial se busca a participação ativa de todos os credores, a fim de que eles possam participar efetivamente da negociação de suas dívidas.

## 3. Principais alterações

Entre as alterações que foram promovidas, algumas merecem destaque, pois, entre outras, tiveram influência importante na construção de um ambiente econômico estável e confiável, que gera, por consequência, o aumento do acesso ao crédito e a redução das taxas de juros. São elas: limitação da prioridade do crédito trabalhista a 150 salários mínimos e limitação da prioridade do fisco; blindagem à ação revocatória; preferência no recebimento dos créditos; celeridade do processo falencial e a questão da sucessão.

### *3.1 Limitação da prioridade dos créditos trabalhistas e fiscais*

Conforme já demonstrado, sob a égide da legislação passada, em que não se tinha qualquer limitação dos créditos trabalhistas e fiscais, o procedimento falimentar se mostrava extremamente desinteressante, na medida em que eram remotas as possibilidades de os demais credores reaverem seus créditos. Nesse ponto, ressaltam Cintra e Funchal:[4] a antiga ordem de preferência gerava grandes ineficiências, de forma que a prioridade do crédito do Fisco fazia com que bancos e demais agentes emprestassem menor volume de créditos, devido à dificuldade de reaver esses valores, isso porque, quando as empresas começam a passar dificuldades, a primeira medida adotada é o descumprimento dos encargos fiscais, de maneira que, em razão das altas dívidas fiscais, dificilmente os credores conseguiriam reaver esses valores. Dessa maneira, devido à baixa perspectiva de recuperação por parte dos credores, as taxas cobradas pelos empréstimos eram mais altas, visto que

---

[3] Esse balanceamento possibilita uma alocação eficiente dos fatores de produção, tanto no que se refere ao salvamento de empresas economicamente eficientes, como também pela transferência de ativos das empresas economicamente ineficientes para empresas economicamente eficientes. Ver: ibid., p. 193.

[4] Ibid., p. 194-195.

incorporavam o prêmio do risco. Além disso, a prioridade ilimitada concedida às dívidas trabalhistas acabava por abrir espaço para possíveis fraudes por parte dos donos, gerentes e diretores da empresa, os quais criavam instrumentos para receberem como trabalhadores grandes somas — através de parentes e amigos —, prejudicando, assim, o recebimento dos próprios empregados e dos credores com prioridades subsequentes.

A primeira medida — "limitação dos créditos trabalhistas a 150 salários mínimos" — foi de extrema importância. Ao estabelecer um teto máximo ao pagamento dos créditos trabalhistas, inibiu a prática de abusos e fraudes, pois, como visto, antigamente essa prerrogativa beneficiava altos executivos, com a preferência para pagamentos de indenizações milionárias, prejudicando, assim, os demais credores. Além disso, o limite a ser pago impede a descapitalização da sociedade recuperanda, que poderá manter o desenvolvimento de sua atividade.

Na mesma medida, "a limitação da prioridade do Fisco" também assumiu papel fundamental, de maneira que a possibilidade de os credores, com garantia real ou não, reaverem seus créditos conferiu maior legitimidade ao processo de recuperação, uma vez que os credores, efetivamente, participam do processo.

Assim, a visualização, por parte de todos os credores, de um horizonte em que seus créditos poderão ser recuperados faz com que tanto o procedimento falimentar como o processo de recuperação judicial gozem de maior legitimidade — o segundo, por sua vez, tem essa participação como própria condição de existência —, bem como tenham maior chance de êxito, considerando que serão acompanhados por agentes diretamente interessados, resultando daí uma melhora nas condições de acesso ao crédito, visto que os riscos de ressarcimento estarão minimizados.

### *3.2 Blindagem à ação revocatória*

A alienação de ativos de uma sociedade em crise sempre despertou muita preocupação em razão dos efeitos decorrentes da sentença de falência. Havendo a decretação da quebra, a prática de alguns atos havidos dentro do termo legal se submetia aos riscos do perdimento do bem adquirido.

Dessa forma, qualquer interessado que pretendesse adquirir ativos de uma sociedade que já tivesse sua falência decretada seria um forte candidato a figurar no polo passivo da referida ação. É evidente, assim, que qualquer interessado, caso exista algum, no mínimo ofertaria preço vil, abaixo do valor de mercado, dado o risco do negócio.

Pensemos, então, na hipótese de alienação de parte do ativo de uma empresa em momentânea dificuldade financeira. Havendo a possibilidade de se reerguer através da ação de recuperação judicial, fica evidente que ao interessado há de se conferir um mínimo de certeza quanto à proteção do negócio jurídico.

Como já salientado, trata-se de uma legislação que prestigia o estímulo e, como tal, garantir a proteção na aquisição de um bem para ser emprestado na recuperação da empresa importa, necessariamente, em maior número de interessados e, consequentemente, maior concorrência, resultando no aumento de preços.

Assim, como consectário lógico, maiores são as chances de recuperação da empresa enferma através da injeção de recursos para reerguê-la. Essa questão está disciplinada no art. 131 da Lei nº 11.101/2005,[5] que faz referência às hipóteses dos incisos I a III e VI do art. 129 do mesmo diploma legal.

Significa dizer, na prática, que um negócio jurídico revestido de boa-fé havido nos autos da ação de recuperação judicial estará imune a qualquer risco na hipótese de insucesso da reorganização empresarial e consequente quebra, pressuposto que constitui condição básica para conferir efetividade à inovação trazida pela legislação que diz respeito à possibilidade de venda em bloco dos ativos e unidades produtivas da sociedade enferma.

### *3.3 A preferência no recebimento dos créditos*

A injeção de recursos em sociedades empresárias enfermas depende do nível de garantia atribuído àqueles que concedem o referido crédito. Assim, é compreensível que qualquer interessado no auxílio às empresas em dificuldade momentânea queira uma garantia de proteção de seu crédito. Para tanto, não se trata de nenhum absurdo pretender conferir um tratamento especial àquele que, de alguma forma, participa do processo de reorganização da empresa.

A lei, pautada na visão estratégica de estímulos, confere tratamento especial a essas pessoas. Em termos gerais, aquele que apostar na recuperação da

---

[5] "Art. 131. Nenhum dos atos referidos nos incisos I a III e VI do art. 129 desta Lei que tenham sido previstos e realizados na forma definida no plano de recuperação judicial será declarado ineficaz ou revogado."

atividade empresarial, injetando recursos na empresa, terá a garantia de preferência no recebimento de seu crédito em eventual decretação de falência.

Dessa forma, apesar da tentativa de salvamento da empresa, caso seja ela frustrada, o credor terá preferência no recebimento do valor adiantado. Tal prioridade está contemplada no art. 84 da Lei nº 11.101/2005[6] — "crédito extraconcursal".

Com efeito, a par das duras críticas que foram dirigidas a tal dispositivo, o certo é que dificilmente alguém apoiaria qualquer projeto de reorganização sem que tivesse alguma garantia de recebimento. Assim, o risco deve ter como medida de incentivo a atribuição de preferência.

### 3.4 Celeridade do processo falencial

A nova Lei de Falências trouxe uma inovação bastante saudável e que, por certo, atendeu os reclames de grande parte dos operadores do direito, ao fazer referência à previsão de antecipação do início do processo de alienação dos bens pertencentes à massa falida, tornando, desse modo, o processo falimentar mais célere. Assim, diferentemente do que ocorria no passado, o juiz, tão logo encerrada a fase de arrecadação, deverá determinar a realização do ativo.

Essa inovação, por sua vez, contempla mais um atrativo criado pela lei, porquanto a alienação quase que imediata dos bens que compõem o ativo da massa importa em valorizá-los, tornando-os, portanto, mais interessantes e atraentes para os investidores.

Assim, visualizam-se bens presentes colocados à disposição de qualquer interessado que não mais deverão aguardar, em especial, a formação do quadro geral de credores, que, como cediço, importava em desvalorizar o patrimônio em razão do tempo.

---

[6] "Art. 84. Serão considerados créditos extraconcursais e serão pagos com precedência sobre os mencionados no art. 83 desta Lei, na ordem a seguir, os relativos a: I — remunerações devidas ao administrador judicial e seus auxiliares, e créditos derivados da legislação do trabalho ou decorrentes de acidentes de trabalho relativos a serviços prestados após a decretação da falência; II — quantias fornecidas à massa pelos credores; III — despesas com arrecadação, administração, realização do ativo e distribuição do seu produto, bem como custas do processo de falência; IV — custas judiciais relativas às ações e execuções em que a massa falida tenha sido vencida; V — obrigações resultantes de atos jurídicos válidos praticados durante a recuperação judicial, nos termos do art. 67 desta Lei, ou após a decretação da falência, e tributos relativos a fatos geradores ocorridos após a decretação da falência, respeitada a ordem estabelecida no art. 83 desta Lei."

### *3.5 A questão da sucessão dos créditos*

Não obstante, uma das inovações de maior relevância — e objeto dos mais amplos debates e divergências e que, sem sombra de dúvida, assume papel de suma importância para a própria efetividade dessa nova legislação — trazida pela nova legislação diz respeito à previsão de eliminação da sucessão fiscal e trabalhista por ocasião da alienação de ativos, ou parte deles, pertencentes à empresa.

Apesar dessa questão ser tratada com maior profundidade em um capítulo próprio, aqui mostra-se relevante adiantarmos algumas considerações, visto que o tema causa influências diretas nos resultados econômicos provocados pela nova legislação.

Para tanto, admitindo a hipótese de que haverá sucessão quando da alienação dos ativos da empresa em recuperação, a lei acabaria por perder a razão de ser, porque não haveria qualquer incentivo aos agentes econômicos para adquirirem ativos de uma empresa em recuperação. Todavia, considerando a hipótese remota de que esses bens teriam liquidez, a consequência é que seu valor de venda seria extremamente baixo, o que, por certo, em nada ajudaria a empresa em recuperação e, ainda, iria na contramão do propósito da nova legislação falimentar, que objetiva, precipuamente, a valorização dos ativos da empresa.

Portanto, permitir a sucessão dos créditos de origem trabalhista ou fiscal seria atentar contra os próprios objetivos e propósitos da legislação.

## 4. Consequências dessas inovações

Com efeito, das inovações exemplificadas acima e de tantas outras provocadas no sistema falimentar, que trouxeram ao processo de falência e de recuperação judicial uma maior legitimidade e lisura, extraem-se consequências econômicas importantíssimas, como a ampliação do acesso ao crédito e a redução das taxas de juros.

Outrossim, Cintra e Funchal[7] destacam tais resultados ao apontarem que a modernização do sistema falimentar acabou por aumentar o nível de proteção dos credores, trazendo, assim, efeitos positivos sobre o custo

[7] Cintra e Funchal, A nova Lei de Falências brasileira, op. cit.

de crédito para as empresas, além de expandir o crédito concedido. Destacam, ainda, que as alterações promovidas pela nova legislação falimentar fazem com que o valor das empresas no estado de recuperação aumente, visto que, quanto mais credores esperam receber das empresas no estado de insolvência, menor quantia esses pretenderão receber das empresas no estado de solvência, reduzindo, assim, o custo do crédito.

Cabe ressaltar que, ao contrário do que muitos defendem — de que essa seria uma legislação apenas para as grandes empresas —, os benefícios da nova legislação também se estenderam às pequenas e médias empresas, principalmente no que diz respeito ao acesso ao crédito, algo de fundamental importância para o fomento e o desenvolvimento da atividade econômica, principalmente em um país como o Brasil, onde prevalece o número de pequenas e médias empresas.

Em recente pesquisa realizada pela empresa de consultoria Deloitte Touche Tohmatsu com o empresariado em geral, a fim de auferir a visão desse com relação à nova Lei de Falência e Recuperação de Empresas, a conclusão que se chegou foi a de que,

> entraves a parte, o saldo do primeiro ano pós-lei foi bastante positivo, com alguns legados fundamentais deixados para o mercado, o Estado e a sociedade. Tudo indica que, a partir de agora, o sucesso dos princípios que construíram a Lei de Recuperação de Empresas e Falências dependerá do nível de conscientização de todos sobre a importância da manutenção da atividade empresarial, considerando o seu papel para o fortalecimento da economia, a geração de empregos e a evolução do ambiente de negócios no País.[8]

A referida pesquisa faz menção a um dado importante, já abordado em pesquisas realizadas pelo economista Aloísio Araújo, que diz respeito à relação entre crédito/PIB. Entretanto, tal relação, no Brasil, embora tenha tido crescimento, ainda é baixa, se comparada a outros países, visto que gira em torno de 33%, sendo certo que em outros países, como os Estados Unidos, Japão e Espanha, esse índice supera 100%,[9] conforme é possível vi-

---

[8] DELOITTE TOUCHE TOHMATSU. *Pesquisa Recuperação de Empresas*: um retrato atualizado da visão dos empresários sobre a Lei de Recuperação de Empresas e Falências. p. 3. Disponível em: <www.deloitte.com/assets/Dcom-Brazil/Local%20Assets/Documents/br_pesquisa_recdeempresas_080605.pdf>.

[9] Ibid., p. 5.

sualizar no gráfico 2.[10] Esse, por sua vez, acaba se mostrando um limitador da expansão da produção, do consumo, do emprego e, por consequência, da geração de mais riqueza, mediante a cobrança de impostos pelo governo, a ser distribuída à sociedade.[11]

**Gráfico 2**

Operações de crédito do sistema financeiro no setor privado (em % do PIB)

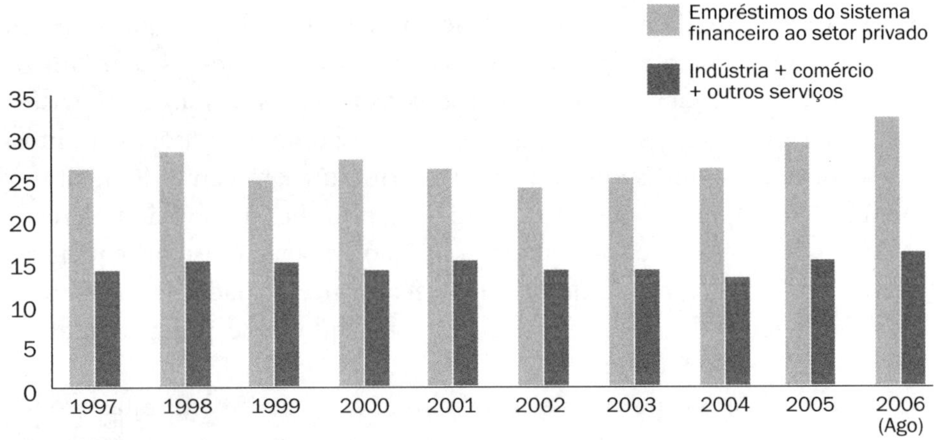


Fonte: Deloitte, a partir da consolidação de dados do Banco Central do Brasil (Bacen).

A pesquisa destaca, ainda, alguns entraves à nova legislação, entre os quais não posso deixar de tecer comentários em relação a um em especial, qual seja: a exigência de Certidão Negativa de Débito para que a empresa possa requerer sua recuperação judicial. Diante do cenário já exposto, tal exigência mostra-se totalmente ilógica e sem fundamento, já que não haverá empresa no mundo que, em dificuldade financeira, tenha Certidão Negativa de Débito. A solução legal para esse entrave seria, conforme preceitua o art. 6º, § 7º,[12] da Lei nº 11.101/2005, a edição de um programa de parcelamento

---

[10] Ibid.

[11] Ibid.

[12] "Art. 6º. A decretação da falência ou o deferimento do processamento da recuperação judicial suspende o curso da prescrição e de todas as ações e execuções em face do devedor, inclusive aquelas dos credores particulares do sócio solidário. [...] § 7º As execuções de natureza fiscal não são suspensas pelo deferimento da recuperação judicial, ressalvada a concessão de parcelamento nos termos do Código Tributário Nacional e da legislação ordinária específica."

por meio do qual a empresa pudesse aderir e, assim, regularizar sua situação. Contudo, desde a edição da Lei nº 11.101/2005 o referido diploma e/ou programa ainda não foi implementado, o que demonstra mais um obstáculo a ser superado, visto que a omissão do legislador não pode acarretar um prejuízo a toda coletividade.

Dessa forma, muito embora essa seja uma legislação inovadora cujos efeitos positivos são facilmente visualizados, a prolongação desses efeitos e a afirmação dessa legislação como instrumento normativo eficiente dependerá, e muito, da atuação do Poder Judiciário, a fim de que se possa construir um ambiente seguro e confiável e, assim, os agentes econômicos possam continuar acreditando que todos os mecanismos legais previstos realmente atuarão em seu favor quando do ressarcimento de seus créditos.

Para tanto, é indispensável que se forme um ambiente de aculturamento entre os personagens do direito, exigindo-lhes uma visão macro do sistema, além de uma constante preocupação em avaliar as consequências de suas decisões. Trata-se de se estabelecer a necessidade de haver uma visão prospectiva das decisões judiciais, analisando, em especial, o impacto econômico que delas decorrem.

Com efeito, essa nova legislação falimentar, pintada com tintas econômicas, exige um novo modelo de juiz, comprometido e com uma formação multidisciplinar, não havendo mais como se conformar com o conhecimento unicamente jurídico. O direito, há muito, passou a ter seu viés econômico considerado por seus operadores, o qual não se pode olvidar, seja na elaboração legislativa ou na aplicação dos dispositivos.

Destarte, essa legislação jurídico-econômica representa, dado seu conteúdo principiológico, a nova feição pós-positivista do direito e demanda, como já dito, um aculturamento da comunidade jurídica, até então muito apegada ao texto frio da lei. Faz-se necessário repensar a conduta e atuação do juiz, que assume papel de suma importância, de maneira que esteja à frente do processo com o objetivo de garantir a manutenção da atividade empresarial, a qual é responsável pelo desenvolvimento do país. Portanto, o sucesso dessa lei dependerá, por certo, da correta interpretação de seus aplicadores.

## Referências

CINTRA, Aloísio Araújo; FUNCHAL, Bruno. A nova Lei de Falências brasileira: primeiros impactos. *Revista de Economia Política*, v. 29, n. 3, p. 191-212, 2009.

_____; LUNDBERG, Eduardo Luis. A nova Lei de Falências: uma avaliação. In: SEMINÁRIO DE ECONOMIA BANCÁRIA E CRÉDITO, 2003, São Paulo. *Sobre a instituição: eventos*. Banco do Brasil, 2003.

DELOITTE TOUCHE TOHMATSU. *Pesquisa Recuperação de Empresas*: um retrato atualizado da visão dos empresários sobre a Lei de Recuperação de Empresas e Falências. p. 3. Disponível em: <www.deloitte.com/assets/Dcom-Brazil/Local%20 Assets/Documents/br_pesquisa_recdeempresas_080605.pdf>.

# Mutações do direito na sociedade complexa: caminhos para o pluralismo

Carolina Alves Vestena

## 1. Sociedade complexa e mutações do direito

O Judiciário está em transformação. Com ele, suas instituições, seus agentes, seus próprios dogmas, sua ciência. Cresce na academia a discussão a respeito da expansão do Poder Judiciário sobre o espaço clássico dos demais poderes. A "judicialização da política", fenômeno classicamente teorizado por Tate e Vallinder,[1] passa a ganhar roupagens abrasileiradas com os estudos de Werneck Vianna e Marcelo Burgos, entre outros cientistas políticos e sociólogos nacionais.[2]

A adoção de constituições materiais, dotadas de um amplo rol de direitos sociais, nas sociedades modernas lhes conferiu "crescente institucionalização do mundo da vida",[3] passando o direito a regular não somente questões concernentes à política, mas também, no amplo alargamento da

[1] TATE, C. N.; VALLINDER, T. (Orgs.). *The global expansion of judicial power.* New York: New York University Press, 1995.

[2] Para um breve apanhado de obras que discutem o tema no Brasil, cabem as obras de VIANNA, Luiz Wernneck; BURGOS, Marcelo Baumann. Revolução processual do direito e democracia progressiva. In: VIANNA, Luiz Werneck (Org.). *A democracia e os três poderes no Brasil.* Belo Horizonte: UFMG, 2002; VIANNA, Luiz Werneck et al. *A judicialização da política e das relações sociais no Brasil.* Rio de Janeiro: Revan, 1999; ______. *Corpo e alma da magistratura brasileira.* Rio de Janeiro: Revan, 1997.

[3] Vianna, *A judicialização da política e das relações sociais no Brasil*, op. cit., p. 15.

esfera pública, aquelas pertinentes às relações privadas e da sociedade civil. Nesse sentido, a interação das instituições de justiça com a sociedade exige procedimentos e reflexões de muito maior complexidade, uma vez que as implicações e consequências de suas decisões influenciam os mais variados aspectos da vida e da política, como as possibilidades de avanços científicos em pesquisas com engenharia genética e utilização de células-tronco, ou as regras do processo eleitoral.[4] O Estado, enquanto promotor de políticas públicas e gerenciador de investimentos sociais, também depende das respostas do Judiciário, uma vez que a constituição de direitos subjetivos confere aos cidadãos a prerrogativa de exigir sua efetivação direta. O impacto sobre políticas públicas e ações sociais é inegável.

O Estado, ampliando suas bases para além dos institutos da representação política formal, passa a ser pensado a partir da participação dos cidadãos em suas decisões, o que congrega ações diretas, tanto quanto as tradicionais conferidas aos vencedores do processo eleitoral. Contudo, isto não é tudo. A legitimidade das instituições estatais é principalmente afirmada a partir de sua capacidade de prover o bem-estar da população, o que, para Chatterjee, cientista político indiano, significa uma alteração de paradigma de sua racionalidade. Segundo o autor:

> *[...] este nuevo poder no cimenta su legitimidad a través de la participación de los ciudadanos en las cuestiones de Estado, sino en su papel como garante y proveedor del bienestar de la población. La racionalidad que lo orienta no tiene su eje en la discusión abierta, sino en un cálculo instrumental de costos y beneficios.*[5]

Chatterjee, ao descrever o contexto socioeconômico indiano, insere a abordagem da governabilidade e da avaliação de custo-benefício como passo fundamental para a condução da administração do Estado ante os cidadãos. Nesse ponto, oferece uma conexão importante entre as atuais teorias a respeito da regulação administrativa e as formas de pensar o papel das entidades estatais a partir das teorias do pós-colonialismo. As duas

---

[4] Os dois casos citados — discussão da Lei de Biossegurança no STF e crescente regulamentação eleitoral emanada pelo Superior Tribunal Eleitoral — são exemplos da crescente intervenção do Judiciário em questões atinentes à sociedade e à política. Vários outros casos poderiam ser trazidos para completar esse conjunto.

[5] CHATTERJEE, Partha. *La nación en tiempos heterógeneos*. Buenos Aires: Clacso, 2007. p. 189.

perspectivas relacionam os crescentes instrumentos de participação da sociedade nos espaços deliberativos, bem como as mudanças estruturais que se refletem no campo jurídico devido à concomitância de uma série de fatores, entre os quais destacam-se o crescente papel da sociedade civil na demanda por direitos sociais, o crescimento das instituições judiciais em sua defesa e, paradoxalmente, o reconhecimento acerca dos limites intrínsecos à atuação do Judiciário para a efetivação de políticas públicas.

A "modernidade", enquanto conceito analítico, permite observar as sociedades contemporâneas a partir de diferentes paradoxos.[6] Caos e ordem, regulação e liberdade, significado e ambivalência, o que se reflete, no âmbito do direito, na constante crise do princípio da supremacia do interesse público diante da individualidade. A ponderação de princípios coloca-se tanto como garantidora da prevalência dos interesses de uma coletividade, quanto como mecanismo de otimização de direitos fundamentais, o que permite efetivar direitos civis e sociais sem que se deixe de lado uma esfera ou outra. Ainda assim, há que se reconhecer que, mesmo com ações pautadas no princípio da proporcionalidade, não necessariamente vive-se um período de respostas fáceis, prontas e eternas.

Raffaele De Giorgi considera que a situação da democracia na modernidade tem a potencialidade de manter esse nível de complexidade justamente porque possui um elevado nível de alternativas decisórias. Todos os temas da comunicação podem se tornar temas da política e todas as decisões da política submetem-se à decisão pelo direito. A submissão da política pelo direito influencia a esfera pública, que modifica suas opiniões e formas de intervenção junto aos entes do Estado e da sociedade, o que transforma a concepção própria de diálogo que se estabelece.[7] Homens em sociedade são cidadãos protegidos pelo campo jurídico e, por sua vez, constituem a massa crítica que opinará e determinará as decisões políticas. Da mesma forma, a racionalidade moderna ofereceu a possibilidade de que todos auferissem, ao menos no plano formal, as mesmas condições informativas e formativas, conferindo,

---

[6] Não iremos adentrar a fundo na conceituação de "paradoxo da modernidade". A despeito das mais diversas interpretações, a categoria de "modernidade líquida", construída por Zygmunt Baumman, auxilia o processo de compreensão das dificuldades da modernidade atual, graças ao seu amplo fluxo de informações, à volatilidade das relações, bem como ao questionamento das bases centrais da modernidade, que são a racionalidade, a supremacia da ciência e o Estado. BAUMAN, Zygmunt. *Modernidade e ambivalência*. Rio de Janeiro: Zahar, 1999.

[7] DE GIORGI, Raffaele. *Direito, democracia e risco*: vínculos com o futuro. Porto Alegre: Sergio Antonio Fabris, 1998. p. 12-13.

aos auspícios da ciência, palavra de autoridade central na avaliação do custo político das decisões a serem tomadas.

Sunstein propõe uma reavaliação das teorias do risco que tão em voga se encontram no âmbito da decisão jurídica. Em matérias de impacto, proporcional à sua complexidade, como a regulação ambiental, as questões de segurança nacional, a biotecnologia, o autor acredita que o excesso de precaução motivado pelos argumentos técnicos e científicos tem conferido novos riscos ao âmbito decisório. Considera o próprio princípio da precaução, amplamente difundido na teoria comparada e nacional, em grande medida, incoerente, uma vez que negligencia o fato de que a vida social como um todo é permeada por riscos, sejam aqueles imprevisíveis, sejam aqueles decorrentes das próprias políticas de precaução.[8]

Sua teoria, apesar de baseada na realidade norte-americana, relaciona-se com as atuais transformações por que passa o Judiciário brasileiro. Em um primeiro aspecto, ambas passam a incentivar e ter como pressuposto a necessidade de incremento de modelos semelhantes aos da democracia deliberativa. Consideram que procedimentos de debate e deliberação são espaços propícios ao diálogo entre indivíduos, conhecimento técnico e ações do Estado, visto ser esse o ambiente necessário para a condução de ações fundadas na racionalidade, e não meramente no carisma dos governantes. Para regular, é necessário justificar e expor as razões de forma plural. O medo não pode mais ser usado para o controle, pois valores públicos discutidos têm papel importante em democracias desenvolvidas. Sob um segundo aspecto, Sunstein considera que políticas públicas podem ter como base teorias não completamente desenvolvidas, mas devem, necessariamente, fundamentar-se naquelas que tenham o papel de convergir as expectativas dos cidadãos. Existem muitas diferenças de valores, opiniões e crenças entre as pessoas, o que demanda a ação sob o mínimo de consenso, sem que para isso se problematize a questão até as últimas consequências. Por fim, sugere que o Judiciário, ator constantemente chamado a pronunciar-se sobre essas demandas, atue sobre três eixos: uma perspectiva "anticatástrofe",[9] ou seja, adoção da precaução em casos de alto risco; utilização ampla da análise de

---

[8] SUNSTEIN, Cass. *Laws of fear*: beyond the precautionay principle. New York: Cambridge University Press, 2005. p. 35.

[9] Tradução livre do termo "anti-catastrophe principle". In: ibid., p. 6.

custo-benefício[10] como técnica de apoio à escolha e não mera quantificação de expectativas econômicas; e, por fim, uma abordagem de "paternalismo libertário",[11] que significa respeitar as decisões dos indivíduos, apenas guiando-as quando perceber erro inevitável.

Observando o sistema jurídico brasileiro e a ampla presença de princípios constitucionais fundamentais, Guerra observa que a atuação discricionária do Estado já se considera limitada *a priori*. Deve estar consonante com princípios gerais de direito como legalidade, igualdade, razoabilidade, moralidade e eficiência; orientar-se de acordo com políticas públicas para o setor; além de reiterar a importância da motivação lógica e coerente, somente sendo legítima a atuação do agente público se preenchidos tais requisitos.[12] No âmbito do controle judicial, afirma a importância da atuação prospectiva também do Judiciário, somando-se ao Executivo na avaliação de custos e benefícios. Os princípios atuam como informadores das decisões diretas e vinculadas, mas não eliminam a possibilidade de que o julgador devolva o pleito ao agente administrativo responsável para nova avaliação do problema e nova tomada de posição. Com tais atitudes, é possível agir diante da complexidade crescente e da interferência constitucionalmente prevista entre as diferentes esferas de decisão.

A análise acurada do papel do direito diante de uma sociedade complexa oferece meios analíticos para observar também espaços outros de interação íntima entre justiça e espaço social. A implementação de mecanismos participativos junto ao Supremo Tribunal Federal (STF), como a realização de audiências públicas para a condução do processo de interpretação da Constituição, amplia a intervenção de terceiros no Judiciário. Membros da sociedade civil organizada podem ter suas demandas e interesses reconhecidos ao trazê-los para o debate público nas tribunas jurisdicionais. Assim, o acesso à justiça em sua concepção clássica, com referência na obra de Cappelletti e Garth,[13] torna-se também complexo e multifacetado, ampliando

---

[10] A abordagem que o autor faz do método de análise de custo-benefício fundamenta-se na superação do paradigma econômico, sendo capaz de relacionar as vontades humanas, as características sociais e o risco, oferecendo, assim, um elemento analítico importante para a tomada de decisões dos agentes reguladores.

[11] Tradução livre do termo "libertarian paternalism". In: ibid., p. 7.

[12] GUERRA, Sérgio. *Controle judicial dos atos regulatórios*. Rio de Janeiro: Lumen Juris, 2005. p. 227-228.

[13] CAPPELLETTI, Mauro; GARTH, Bryant. *Acesso à Justiça*. Porto Alegre: Sergio Antonio Fabris, 1988.

seu escopo para além dos litígios individuais até a intervenção direta no resultado das decisões acerca de políticas públicas.

Em grande medida, as audiências públicas jurisdicionais também manejam a teoria da ponderação dos princípios, uma vez que as decisões proferidas no âmbito do STF devem necessariamente conformar princípios constitucionais, sem eliminar um em detrimento de outro, apenas tornando sua inferência mais relevante conforme o substrato fático e axiológico em análise. Assim, o advento das audiências públicas propicia a observação empírica do modo como o Judiciário vem atuando frente à participação e ao pluralismo inseridos em sua cúpula. A relação entre argumentos científicos, políticos e jurídicos demonstra-se central nessa esfera, uma vez que os mais diversos interesses entram em jogo para a decisão e manifestação judicial. Saindo do âmbito da discricionariedade pública, é necessário abordar as mutações do direito na esfera da jurisdição, especialmente quando convidada a ouvir e ser questionada pela atuação direta do corpo social.

## 2. Participação e pluralismo

As audiências públicas jurisdicionais foram inseridas no processo de controle de constitucionalidade concentrado pelas leis n^os^ 9.868 e 9.882, de 1999. Justificam-se pela ampliação da necessidade de argumentação técnica e socialmente embasada trazida pela complexidade dos temas a decidir e de sua relevância para a consolidação da Constituição através do processo interpretativo. Apesar de seu viés formalmente democrático, ainda são inconclusas as análises que buscam comprovar se essa democratização procedimental será capaz de efetivamente provocar a inclusão de novos agentes na esfera pública e produzir novos compromissos constitucionais a partir da mediação dos conflitos através do processo comunicativo.[14]

As atuais discussões sobre as características institucionais necessárias para a consolidação dos regimes democráticos chegam também ao

[14] Tal expressão parte da conceituação dada por Peter Häberle sobre o diálogo entre os intérpretes da Constituição. Considera que "Essa teoria constitucional não deve ser, todavia, simplificada e (mal-)entendida como uma concepção simplesmente harmonizadora. Consenso resulta de conflitos e compromissos entre participantes que sustentam diferentes opiniões e defendem os próprios interesses". Ver: HÄBERLE, Peter. *Hermenêutica constitucional*: a sociedade aberta dos intérpretes da Constituição: contribuição para a interpretação pluralista e "procedimental" da Constituição. Porto Alegre: Sergio Antonio Fabris, 1997. p. 51.

funcionamento do Judiciário. Agências internacionais, universidades e órgãos especializados desse poder buscam diagnosticar o desempenho de suas estruturas e perceber dificuldades e possibilidades de aperfeiçoamento que o tornem mais democrático e atento aos valores da sociedade contemporânea.[15]

A doutrina constitucional da "interpretação aberta da Constituição"[16] influenciou fortemente o processo de alteração do procedimento de controle de constitucionalidade concentrado.[17] A importância da participação de outros intérpretes justifica-se por dois fundamentos da teoria mencionada: um esclarecimento no próprio conceito de interpretação, reformulando o papel da norma em face à sociedade, pois "quem vive a norma acaba por interpretá-la ou pelo menos cointerpretá-la"; e a consciência de que a teoria constitucional deve ser concebida como ciência da experiência, adquirindo os contornos conferidos pelos membros participantes da chamada esfera pública. O processo interpretativo "deve estar em condições de, decisivamente, explicitar os grupos concretos de pessoas e os fatores que formam o espaço público, o tipo de realidade de que se cuida, a forma como ela atua no tempo, as possibilidades e necessidades existentes".[18]

O processo de interpretação aberta da Constituição permite a interação de agentes da sociedade, como detentores de demandas, argumentos e grandes doses de experiência e vivência a respeito dos temas que venham a exigir a atuação do Supremo como tribunal constitucional. Os indivíduos e grupos, ainda que autointeressados em algum desfecho da questão, poderão apresentar argumentos relevantes dos mais diversos teores, sejam políticos, sejam científicos, sejam fruto de sua trajetória comunitária.

---

[15] A título de referência, pode-se mencionar a crescente atividade paranormativa de agências ligadas ao Banco Mundial, que procuram influenciar nos processos de reforma do Judiciário em países por toda a América Latina. Sobre esse tema, ver: CANDEAS, Ana Paula Lucena Silva. Os valores recomendados pelo Banco Mundial para os judiciários nacionais. *Cidadania e Justiça*, Brasília, ano 7, n. 13, p. 17-40, 1. sem. 2004. A respeito da pesquisa aplicada e dos diagnósticos realizados pelas universidades, ressaltam-se, entre outros, o trabalho de Maria Tereza Sadek, as publicações do Centro de Justiça e Sociedade da FGV Direito Rio e do Centro Brasileiro de Estudos e Pesquisas Judiciais. No âmbito do Poder Judiciário, uma iniciativa de destaque é o incentivo do Conselho Nacional de Justiça à produção de estudos a respeito das instituições judiciais.

[16] Häberle, *Hermenêutica constitucional*, op. cit.

[17] MENDES, Gilberto Ferreira; VALE, André Rufino do. O pensamento de Peter Häberle na jurisprudência do Supremo Tribunal Federal. *Revista Iberoamericana de Derecho Procesal Constitucional*, México, n. 12, p. 121-146, jul./dic. 2009.

[18] Häberle, *Hermenêutica constitucional*, op. cit., p. 13 e 19.

No que diz respeito à complexidade, provavelmente aumentarão as possibilidades decisórias, trazendo novas perspectivas aos casos, o que é legítimo e democrático. Como já se pôde afirmar, a disputa de interesses faz parte do próprio contexto do campo jurídico, e a disputa sobre a interpretação constitucional é elemento estratégico em uma sociedade em crescente processo de judicialização das relações sociais.

As audiências públicas pressupõem, portanto, um esforço do próprio tribunal para identificar os atores estratégicos indispensáveis à discussão do tema, o que torna altamente complexa sua realização. A participação prioritária é de pessoas com experiência e autoridade na matéria,[19] o que motiva a intervenção de especialistas em determinados nichos de pesquisa, aproximando a relação entre a decisão jurídica e a fundamentação embasada em argumento científico. Contudo, não se pode considerar que esses sujeitos, ainda que possuidores de títulos acadêmicos, participem das audiências de forma neutra. É bastante provável, e uma análise de suas ocupações secundárias e de suas trajetórias profissionais e pessoais pode confirmar, a hipótese de que a titulação apenas lhes facilita o processo de habilitação, mas que sua intervenção é vinculada a grupos com os quais tenham empatia ou identificação.

Mesmo com uma ampla maioria de especialistas, em todos os casos houve ou está prevista a participação de entidades da sociedade civil organizada, grupos religiosos, movimentos sociais, grupos de interesse econômico, ou, ainda, a participação de alguma destas entidades representadas por algum indivíduo com experiência e renome científico na temática em questão.[20]

A própria complexidade dos temas exigiu a convocação de audiências públicas. O caso da "Saúde" é bastante emblemático. Diante da constante exigência de intervenção do Judiciário na questão, concedendo medicamentos, internações e tratamentos, o presidente do STF, ministro Gilmar

---

[19] Art. 7º, §1º: "Em caso de necessidade de esclarecimento de matéria ou circunstância de fato ou de notória insuficiência das informações existentes nos autos, poderá o relator requisitar informações adicionais, designar perito ou comissão de peritos para que emita parecer sobre a questão, ou fixar data para, em audiência pública, ouvir depoimentos de pessoas com experiência e autoridade na matéria". Lei nº 9.868, de 1999, disponível em: <www.planalto.gov.br/ccivil_03/LEIS/L9868.htm>. Acesso em: 14 jan. 2010.

[20] O levantamento dos participantes das audiências públicas jurisdicionais realizadas no STF está em andamento. Os dados já tabulados foram utilizados para os trabalhos das disciplinas "Acesso à Justiça", "Tópicos Especiais" e no presente trabalho. As análises partem do estudo exploratório acerca da interação entre movimentos sociais e Judiciário, tendo como objeto empírico de análise os instrumentos de participação no processo constitucional.

Mendes, convocou audiência específica para tratar do tema ao verificar que diversos pleitos semelhantes chegavam à cúpula do Judiciário.[21] A interação entre Judiciário e Executivo, principalmente quando se verifica a submissão do último pelo primeiro, é questão delicada, que exige análise acurada de todos os fatores, elementos e interesses envolvidos à luz de todo o arcabouço principiológico que motiva o ordenamento jurídico brasileiro. O tema em questão e as possibilidades decisórias que dele decorrem exigem conhecimentos altamente especializados, porquanto as consequências próprias da discussão têm o potencial de repercutir amplamente nas relações sociais, ou seja, exigem um processo mais complexo do que a promulgação de um simples código de "a favor" ou "contra", ou mesmo de constitucionalidade ou inconstitucionalidade. Exigem, em última medida, a atuação do Judiciário como um grande promotor de debates, um mediador especializado com poder de interferência para a garantia do respeito à pluralidade e à individualidade como preceitos fundamentais de uma ordem democrática.

## 3. Considerações finais

Diante das crescentes transformações pelas quais passa a própria sociedade moderna, o direito necessita de alterações epistemológicas que permitam seu diálogo com a pluralidade social. Como é possível constatar, no âmbito teórico e prático, diferentes argumentos e fatores somam-se para aprofundar as análises acerca da atuação dos Estados e de seus braços, entre eles o Judiciário, diante dos processos de consolidação democrática. Situação mais promissora pode ser observada nas chamadas democracias periféricas, como é o caso do Brasil, e na necessidade de construção de teorias e práticas criativas e correlacionadas com suas realidades locais.

Para a consolidação efetiva dos preceitos pluralistas que fundam as sociedades democráticas, é indispensável pensar em estratégias de inclusão dos mais diversos interesses, grupos e minorias nos espaços de deliberação e diálogo institucional. A implementação de audiências públicas para discussão e argumentação acerca da interpretação da Constituição parece uma medida promissora nesse sentido, uma vez que concatena o conteúdo material da

---

[21] Sobre a audiência pública de "Saúde", ver: <www.stf.jus.br/portal/cms/verTexto.asp?servico=processoAudienciaPublicaSaude>.

Carta Constituinte com os anseios e necessidades de grupos e indivíduos, ao menos no plano teórico. Cabe analisar se na prática os frutos dos debates serão efetivamente utilizados no processo de convencimento, ou se terão alguma relevância, ainda que não sejam os argumentos centrais das decisões.

## Referências

BAUMAN, Zygmunt. *Modernidade e ambivalência*. Rio de Janeiro: Zahar, 1999.

CANDEAS, Ana Paula Lucena Silva. Os valores recomendados pelo Banco Mundial para os judiciários nacionais. *Cidadania e Justiça*, Brasília, ano 7, n. 13, p. 17-40, 1. sem. 2004. Disponível em: <www.amb.com.br/docs/publicacoes/outros/revistacjn7.pdf>. Acesso em: 10 mar. 2009.

CAPPELLETTI, Mauro; GARTH, Bryant. *Acesso à Justiça*. Trad. Ellen Gracie Northfleet. Porto Alegre: Sergio Antonio Fabris, 1988.

CHATTERJEE, Partha. *La Nación en tiempos heterógeneos*. Buenos Aires: Clacso, 2007.

DE GIORGI, Raffaele. *Direito, democracia e risco*: vínculos com o futuro. Porto Alegre: Sergio Antonio Fabris, 1998.

FRAGALE FILHO, Roberto. Poder Judiciário: os riscos de uma agenda quantitativa. In: COUTINHO, Jacinto Nelson de Miranda; MORAIS, José Luis Bolzan de; STRECK, Lênio Luiz (Orgs.). *Estudos constitucionais*. Rio de Janeiro: Renovar, 2007.

GUERRA, Sérgio. *Controle judicial dos atos regulatórios*. Rio de Janeiro: Lumen Juris, 2005.

HÄBERLE, Peter. *Hermenêutica constitucional*: a sociedade aberta dos intérpretes da Constituição: contribuição para a interpretação pluralista e "procedimental" da Constituição. Trad. Gilmar Ferreira Mendes. Porto Alegre: Sergio Antonio Fabris, 1997.

MENDES, Gilberto Ferreira; VALE, André Rufino do. O pensamento de Peter Häberle na jurisprudência do Supremo Tribunal Federal. *Revista Iberoamericana de Derecho Procesal Constitucional*, México, n. 12, p. 121-146, jul./dic. 2009.

SUNSTEIN, Cass. *Laws of fear*: beyond the precautionay principle. New York: Cambridge University Press, 2005.

TATE, C. N.; VALLINDER, T. (Orgs.). *The global expansion of judicial power*. New York: New York University Press, 1995.

VIANNA, Luiz Wernneck; BURGOS, Marcelo Baumann. Revolução processual do direito e democracia progressiva. In: VIANNA, Luiz Werneck (Org.). *A democracia e os três poderes no Brasil*. Belo Horizonte: UFMG, 2002.

_____ et al. *A judicialização da política e das relações sociais no Brasil*. Rio de Janeiro: Revan, 1999.

_____. *Corpo e alma da magistratura brasileira*. Rio de Janeiro: Revan, 1997.

# A judicialização política em sua perspectiva histórica

Taíse Sossai Paes

## 1. Introdução

Segundo John Locke, a finalidade do Estado é a defesa dos direitos fundamentais do indivíduo, devendo, para tanto, submeter-se ao império das leis. O povo pode rebelar-se diante da tentativa do Estado de violar um de seus direitos.

Sua expressão mais significativa foi o *Bill of Rights*, em 1689, que foi a Declaração de Direitos feita pelo Parlamento inglês antes de Guilherme e sua esposa Maria serem coroados. Após 1776, com a teoria de Locke, a Constituição passa ao *status* de lei fundamental do país, limitadora de todas as instituições do governo.

A Revolução Americana, em 1776, diferentemente da Reforma Protestante, da Revolução Inglesa de 1642, da Revolução Francesa e da Revolução Russa, não teve regime antigo algum a derrubar. Várias colônias norte-americanas, constituídas como companhias comerciais, eram regidas por uma carta escrita e formal que se caracterizava como um contrato bilateral, o qual estabelecia direitos e deveres entre governantes e governados. Os colonos já eram providos de direitos e liberdade. Por isso, a Declaração de 1776 nada mais foi do que a recusa dos americanos a permanecerem a viver como súditos do monarca inglês e sob sua legislação.

A inovação não foi a constitucionalização dos direitos individuais, mas, sim, sua previsão em um único documento, o *Bill of Rights*, em que estariam catalogados os direitos fundamentais e a separação dos poderes com supremacia sobre outros documentos, servindo de fundamento para a nulidade de atos contrários a seu conteúdo. Os Estados Unidos foram o primeiro Estado a criar uma Constituição política escrita.

A supremacia da Constituição escrita teve seu marco mais importante com John Marshall na decisão Marbury vs. Madison em 1803. Foi quando a prática do *judicial review*[1] tornou-se um ponto relevante de discussão, suscitando as seguintes questões: o controle de constitucionalidade estava implícito na Constituição ou foi uma criação da Corte Marshall? A decisão Marbury vs. Madison foi consequência de um julgamento cuidadoso ou uma demonstração do *judicial review*?

Uma lei federal de 1801 previa o mandato de cinco anos para os juízes de dois condados do distrito, a serem nomeados por indicação presidencial. No final do mandato de John Adams, William Marbury foi indicado juiz de paz em um condado do distrito de Columbia. Os partidários de Adams foram derrotados nas eleições de 1800 e Jason Madison, secretário de Estado do novo governo, não cumpriu os atos de natureza formal no final do processo, originando a demanda judicial. A Suprema Corte entendeu que Marbury tinha direito ao cargo para o qual fora nomeado; entretanto, recusou-se a emitir um mandado, haja vista considerar inconstitucionais os dispositivos da Lei de 1789, que serviram de fundamento para essa solicitação.

John Marshall não criou o *judicial review*, mas apenas naturalizou seu conceito, tornando o controle de constitucionalidade das leis pelo Judiciário uma atividade rotineira. O que o tornou habitual não foi o fato de ser a Constituição fundamental ou escrita, mas de ser adjudicável, isto é, aberta à possibilidade de interpretações pelas cortes.

A interpretação constitucional não deveria ser um exercício político, mas parte das atividades cotidianas do Judiciário, portanto, o processo de adjudicação deveria se afastar do Legislativo e da política.

De acordo com essa visão, o *Bill of Rights* é a parte fundamental do direito. Os juízes devem resguardar e assegurar sua aplicação.

O campo de estudos jurídicos no tocante à origem política e às consequências do fortalecimento judicial é ainda pouco explorado e desconhecido. No entanto, trata-se de um fenômeno conhecido como judicialização da po-

---

[1] Cuida do poder dos magistrados de rechaçarem a validade de uma lei, com fundamento na interpretação constitucional.

lítica, um processo complexo composto por dois movimentos distintos e não necessariamente vinculados: a transferência do poder decisório do Legislativo e do Executivo para os juízes e tribunais; e a disseminação de métodos de tomada de decisão típicos do Poder Judiciário nos outros poderes.[2]

Embora muitos doutrinadores e cientistas políticos tratem a politização da Justiça e o ativismo judiciário como fenômenos iguais, há diferenças que os distinguem. A politização encontra-se em um âmbito macro, ao passo que o ativismo é uma das formas de sua manifestação.[3]

O ativismo judicial é medido de acordo com a frequência com que o magistrado ou o tribunal invalida as normas ou atos normativos dos outros poderes do Estado ou, ainda, quando procura suprimir omissões dos demais poderes.[4]

Entretanto, o presente trabalho não tem como escopo analisar os elementos que distinguem tais fenômenos, mas analisar a judicialização da política, fenômeno que Ran Hirschl chamou de *juristocracy* (juristocracia).

Em sua obra *Towards juristocracy: the origins and consequences of the new constitucionalism*, o autor analisa as origens da política e as consequências da revolução constitucional, a fim de descobrir a origem política da recente tendência constitucional; o verdadeiro impacto causado pela constitucionalização dos direitos e o fortalecimento do *judicial review* na interpretação dos tribunais superiores para a noção progressiva de justiça distributiva; os efeitos extrajudiciais decorrentes da constitucionalização; e as consequências políticas do fortalecimento do Judiciário em decorrência da constitucionalização e suas implicações para o governo democrático do século XXI.

---

[2] TATE, C., VALLINDER, T. (Orgs.). *The global expansion of judicial power*. New York: New York University Press, 1995. p. 13.

[3] Primeiramente surge a judicialização da política, sendo o ativismo uma de suas consequências; entretanto, aqui no Brasil o fenômeno ocorreu de maneira inversa, iniciando-se com o ativismo.

[4] O conceito é complexo o bastante para admitir pluralidade de formas. Por esse motivo, Willian P. Marshall, em seu artigo "Conservatives and the seven sins of judicial activism", elenca sete dimensões do ativismo, a saber: ativismo contramajoritário: resistência dos tribunais em aceitar as decisões dos políticos eleitos democraticamente; ativismo não originalista: a interpretação judicial do texto da norma deixa de lado as intenções do legislador ao elaborá-las; ativismo de precedentes: rejeição aos precedentes estabelecidos anteriormente; ativismo jurisdicional: resistência das cortes em aceitar os limites de sua competência; ativismo criativo: resultante da criação de novos direitos e teorias na doutrina constitucional; ativismo remediador: imposição de obrigações positivas pelo Poder Judiciário aos outros poderes eleitos democraticamente; e ativismo *partisan*: o Judiciário usa o seu poder para atingir objetivos específicos de um determinado partido ou segmento social.

## 2. Desenvolvimento

Entre o final do século XX e início do século XXI, o mundo tem testemunhado uma mudança que Ran Hirschl denomina *juristocracy*. Em mais de 80 países[5] e entidades supranacionais, tais como a União Europeia,[6] a reforma constitucional vem transferindo grande parte do poder ao Judiciário. Muitos deles estão adotando a Constituição ou o que se denomina *Constitutional Review*,[7] os quais contém o *Bill of Rights* e a previsão das atividades do Judiciário. Assim, cada vez mais as cortes superiores e os tribunais internacionais fortalecem seu poder.

A busca de novas metas e gestão de políticas públicas tem sido acompanhada pela aprovação da concepção de constitucionalismo e do *judicial review*, que são percebidos como medidas do poder difuso associadas a valores liberais e igualitários. Como resultado, estudos de suas origens políticas tendem a retratá-los como um reflexo da progressão social e mudança política da ampla noção de democracia e celebração dos direitos humanos. Muitos conceitos referentes ao poder difuso, bem como conceitos em relação à sua benevolência e origem progressiva, permanecem no plano da abstração.

Antes da II Guerra Mundial, as democracias constitucionais proibiam a revisão da legalidade dos estatutos pelo Poder Judiciário, o que significa que era ignorado por ele qualquer conflito que envolvesse uma norma ordinária e uma constitucional; contudo, um novo constitucionalismo emergiu pós-guerra, os direitos humanos foram codificados e ganharam lugar privilegiado nas novas constituições europeias. Enquanto as constituições anteriores preocupavam-se em limitar o poder dos monarcas, as novas constituições surgiram com a finalidade de garantir os direitos fundamentais.

Ronald Dworkin salienta que todos os Estados membros da União Europeia, bem como outros de *democracias maduras*,[8] devem se proteger da tirania

[5] Esses países vão desde o Bloco Oriental ao Canadá, da América Latina ao Sul da África e da Inglaterra a Israel.

[6] As negociações para reformar as instituições na União Europeia iniciaram-se em 2001, resultando, primeiramente, na Constituição Europeia, que fracassou em decorrência da rejeição dos eleitores franceses e holandeses no ano de 2005. Substituindo a Constituição, foi criado o Tratado de Lisboa no ano de 2009.

[7] Evidencia o contexto da herança constitucional do passado, principalmente no século XVII na Inglaterra e no século XVIII nos Estados Unidos, indicando a influência do período referido na formação do constitucionalismo moderno. Analisa a mudança conceitual do termo "Constituição", proporcionada pela Revolução Americana.

[8] Trata-se de uma expressão criada pelo autor, que quer significar a democracia de países desenvolvidos economicamente.

e assegurar a democracia por meio desses institutos, tratando-se de um reflexo da progressão social, da mudança política, da celebração dos direitos humanos e da ampla noção de democracia, em que esta se preocupa precipuamente em assegurar a igualdade entre os indivíduos, e os tribunais podem promover isso com efetividade, ainda que não tenha sido proveniente do desejo da maioria, isto é, dos representantes eleitos pelo sufrágio universal.

As obras de Dworkin sobre o constitucionalismo não fazem qualquer referência à origem e às consequências da constitucionalização e do *judicial review* (item 5 deste texto); entretanto, ele admite que

> não há alternativa, exceto o uso de um padrão estimulado pelo resultado ao invés de um estimulado pelo procedimento para decisão (a questão do *judicial review*). A melhor estrutura institucional é aquela melhor calculada para produzir as melhores respostas para as questões essencialmente morais do que são de fato as condições democráticas, e para assegurar uma adesão estável a essas condições.[9]

Assim, vem ganhando espaço a ideia de que a democracia não mais significa a vontade da maioria. A teoria dominante, que vai desde Kelsen a Bobbio, que a defende como o método de formação das decisões coletivas, ou seja, como o conjunto de regras que atribuem ao povo o poder de tomar decisões, diretamente ou através de seus representantes, de acordo com a vontade da maioria, não mais é adequada à atual conjuntura. Essa definição formal ou procedimental vem perdendo suas forças para o que se denomina *democracia real*, em que as minorias possuem proteção constitucional que não poderia ser restrita sequer pelos representantes eleitos, que compõem o parlamento.[10]

---

[9] DWORKIN apud HIRSCHL, Ran. *Towards juristocracy*: the origins and consequences of the new constitucionalism. Cambridge: Harvard University Press, 2004. p. 3.

[10] Ferrajoli entende que a concepção puramente formal, com primórdios na Grécia antiga, não bastaria para qualificar um sistema político como democrático, pois a fonte de legitimação das decisões não estaria unicamente nas mãos de uma maioria de representantes eleitos pelo povo. Defende que o poder deve ser considerado juridicamente limitado e sujeito ao direito segundo o paradigma do estado de direito, o qual não admite a existência de poderes absolutos. Mais do que isso, o poder encontra-se submetido a normas constitucionais, que são o princípio da igualdade e os direitos fundamentais. A democracia não consiste unicamente nas regras procedimentais, tais como o sufrágio universal ou o princípio da maioria, que asseguram a representatividade popular das decisões, pois se assim fosse seria correto afirmar que o nazismo e o fascismo conquistaram o poder de forma democrática, mas que acabaram por suprimi-la.

Dworkin entende que o controle de constitucionalidade das leis é um importante mecanismo institucional, além de concordar com a ideia de que os tribunais são munidos de competência para fundamentar suas decisões recorrendo ao que denomina *moral reading* da Constituição, isto é, ao juízo de moralidade.[11]

As cortes devem manter as decisões proferidas por outros setores do governo, salvo quando ofenderem a moralidade política, violando qualquer interpretação plausível, ou caso a decisão contrarie um precedente inequívoco. O Judiciário recusar-se-ia a avaliar a posição do Legislativo ou do Executivo nas hipóteses de temas controvertidos moralmente ou politicamente, restringindo-se, somente, ao controle referente ao processo de elaboração da lei. É o que ele denomina *programa de moderação*:

> o programa da moderação judicial afirma que os tribunais deveriam permitir a manutenção das decisões dos outros setores do governo, mesmo quando elas ofendam a própria percepção que os juízes têm dos princípios exigidos pelas doutrinas constitucionais amplas, excetuando-se, contudo, os casos nos quais essas decisões sejam tão ofensivas à moralidade política a ponto de violar as estipulações de qualquer interpretação plausível, ou, talvez, nos casos em que uma decisão contrária for exigida por um precedente inequívoco.[12]

Os tribunais devem se orientar pelo que ele intitula de *cláusulas constitucionais vagas*, revendo princípios, tais como o da igualdade, legalidade e outros à luz da visão moral da própria corte. A persistência e a estabilidade desse sistema requerem, pelo menos, uma parcial autonomia, em que o Judiciário seja apolítico e aja de maneira imparcial nas disputas e nas regras fundamentais do jogo da política.

---

[11] As normas constitucionais que estabelecem direitos fundamentais controversos são princípios morais abstratos, que devem ser incorporados como referência e limites ao poder do Estado; assim, a Carta Constitucional deve ser interpretada moralmente pelas cortes, ou seja, cabe aos magistrados adequarem os conceitos à realidade, escolhendo um que seja moralmente correto. Tal escolha é caracterizada pela filosofia moral e jurídica, tudo encontrado dentro da Constituição.

[12] DWORKIN, Ronald. *Levando os direitos a sério*. São Paulo: Martins Fontes, 2002. p. 215.

## 3. O fortalecimento do Judiciário na perspectiva evolucionista, empirista e utilitarista

A expansão do Poder Judiciário tem sido associada à liberalização econômica e política do pós-autoritarismo, e sua existência de forma ativa e autônoma parece ser uma condição necessária para a democracia que se vivencia nos dias de hoje.

Segundo a abordagem evolucionista, a expansão do Poder Judiciário decorreu de uma reforma constitucional, em que macrofatores, como a cultura e a economia,[13] exerceram grande influência.[14]

A concepção de transformação constitucional que se origina da escola do contrato social[15] enxerga as constituições e *judicial review* como dispositivos processuais que pessoas livres e iguais concordam em criar para protegerem seus direitos. As leis são criadas em comum acordo pelo povo.

Em uma fundamentação empírica, a abordagem evolucionista entende a constitucionalização dos direitos e o estabelecimento do *judicial review* como resultados do fortalecimento da separação dos Poderes Executivo, Legislativo e Judiciário. A descrença no governo veio contribuir para um desejo de restringir o poder discricionário do Estado. O resultado tem sido a difusão do poder político do Judiciário ao longo das últimas décadas.

Tribunais não apenas monitoram o Legislativo e o Executivo, como também facilitam a representação política de difusão e organizam as minorias, criando oportunidades para que certos grupos participem da elaboração da política, participação que de outra maneira acaba por ser restringida no governo político majoritário.[16]

---

[13] Os primeiros teóricos da transformação jurídica, como Adam Smith, argumentavam que o desenvolvimento do contrato genuíno e o conceito de propriedade somente poderiam ocorrer ao lado da consolidação da agricultura.

[14] Algumas teorias evolucionistas sugerem que o desenvolvimento judicial está associado à passagem política de um estágio socioeconômico para outro — a economia seria um desses macrofatores.

[15] Jean-Jacques Rousseau tem uma concepção de contrato social diferente da concepção de Hobbes e Locke, em que o homem é naturalmente bom e a socialização é a grande responsável pela sua degeneração. Para ele, o contrato social é um acordo entre os indivíduos a fim de criarem uma sociedade e o Estado, que é um pacto de associação e não de submissão.

[16] Isso pode ser vislumbrado em nossa Magna Carta nos incisos do art. 103, que arrolam os legitimados para propor a ação direta de inconstitucionalidade e a ação declaratória de constitucionalidade no STF, tais como partido político com representação no Congresso Nacional, o Conselho Federal da Ordem dos Advogados do Brasil, a confederação sindical ou entidade de classe de âmbito nacional, entre outros.

Defensores dessa abordagem, portanto, consideram a constitucionalização dos diretos e o fortalecimento do *judicial review* como um resultado de esforços bem-sucedidos do grupo de minorias organizado em se proteger contra a ameaça sistêmica dos caprichos do governo majoritário e do crescente impacto no resultado político público. A constitucionalização dos direitos é uma maturidade política.

Na concepção funcionalista, um sistema mais eficiente decorre de mudanças legais. A constitucionalização seria a melhor maneira de superar a ingovernabilidade política; onde mais fraca ela estiver, mais forte se torna o Judiciário.[17]

Outra explanação funcionalista defende que o surgimento de uma ampla variedade de administração semiautônoma e de agência estadual de regulamentação contribuíram de maneira ímpar para a expansão do Judiciário elaborador ativo de políticas públicas.[18] Na teoria, além de regular as atividades das concessionárias prestadoras de serviços públicos, deveria, também, aplicar sanções, de maneira a garantir que os usuários consumidores não fossem lesionados; entretanto, na prática, isso não se verifica, tanto é que um usuário insatisfeito prefere propor uma ação requerendo a reparação dos danos sofridos a ter de entrar em contato com essas entidades autárquicas especiais, haja vista a demora no atendimento.[19]

---

[17] A explanação geralmente dada para a judicialização da política de Israel, sem precedentes nos recentes anos, fornece uma perfeita ilustração da ideia de que as necessidades sistêmicas são a principal causa do fortalecimento judicial. Em uma mudança acentuada a partir das normas de Israel nas primeiras décadas de sua independência, o Judiciário, em especial a Suprema Corte Israelita, tornou-se recentemente um dos mais significantes atores na arena política de Israel. A partir do início de 1990, a corte tem exercido cada vez mais o seu poder à custa de políticos e administradores. A corte ganhou autoridade para rever a legislação primária, acordos políticos e atos administrativos. A sociedade de Israel é caracterizada pelas rupturas sociais e culturais, bem como por um impasse político enfrentado pela maioria política de Israel, que acabou por enfraquecer a autoridade do Knesset (nome do Parlamento de Israel) e o governo. Isso, por sua vez, conduziu a uma dependência sistêmica da política de Israel num corpo dominante aparentemente apolítico de profissionais tomadores de decisão: os juízes da suprema corte.

[18] Aqui no Brasil isso fica claro quando se fala em agências reguladoras, que são entidades autárquicas criadas por lei, com personalidade jurídica, receita e patrimônio próprio, que executam atividades típicas da administração pública.

[19] Isso se verifica especialmente nos serviços de telefonia móvel, em que a insatisfação dos consumidores é alta, gerando consequentemente infinitas demandas e congestionando o Judiciário. Em decorrência disso, a Lei nº 9.099 perdeu uma de suas finalidades, a celeridade, haja vista que a duração razoável do processo deveria ser por alguns meses; contudo, tem chegado a dois anos, praticamente o mesmo tempo de maduração das demandas de mesma natureza propostas em juízos singulares.

Um Judiciário ativo, independente e armado com as práticas do *judicial review* é necessário para o monitoramento eficiente de um Estado que sempre se encontra em expansão administrativa.

A crítica que Ran Hirschl faz é que, enquanto as abordagens evolucionista e funcionalista somente delineiam considerações para alguns fatores envolvidos no desenvolvimento da juristocracia, nenhuma analisa, de maneira comparativa, sistemática e detalhada, os vetores políticos específicos que existem por trás de qualquer revolução constitucional de muitos anos atrás. Além do mais, nenhuma dessas teorias diz respeito ao momento preciso da reforma. Se aplicarmos essas teorias em um exemplo concreto, elas irão falhar em explicar por que uma política específica alcançada tem seu mais avançado estágio de progresso judicial em um momento determinado e não em outro.

Entende que elas ignoram a intervenção dos próprios interessados na detenção do poder político, os quais são comprometidos com a expansão judicial na tentativa de moldar o cenário institucional para atender a seus próprios interesses.

Uma abordagem utilitarista derivada da teoria da economia institucional da transferência constitucional entende que o direito constitucional fortemente estabelecido e a independência judicial monitorando o Legislativo e o Executivo acabaram por aumentar a credibilidade de um regime, além de contribuir para a consolidação dos contratos, incentivando o investimento, a inovação e o desenvolvimento.

Para o desenvolvimento econômico, mister se faz a existência de leis regulamentadoras do mercado e um regime legal que proteja a formação do capital, assegurando o direito de propriedade.[20]

Segundo Hirschl, essa explanação falha na explicação de como prósperas políticas democráticas conseguiram enfrentar os problemas antes do estabelecimento do *judicial review*.

---

[20] Para Max Weber, o bloco de construção fundamental do mercado capitalista bem-sucedido é uma previsibilidade segura dos juros, pois sem ela faltaria incentivo para investidores potentes. Acadêmicos têm mostrado como a confiança em normas legais firmemente estabelecidas, que reforçam os investimentos, levaram ao crescimento econômico em vários contextos históricos.

## 4. A abordagem estratégica e a tese da preservação hegemônica

Hirschl entende que os indivíduos detentores do poder político podem se beneficiar da expansão do poder judicial de várias formas. Entre elas, do ponto de vista dos políticos, a delegação da autoridade dos elaboradores de políticas para as cortes pode ser uma maneira efetiva de redução dos custos das tomadas de decisões, bem como alteração da responsabilidade, assim reduzindo o risco para eles e para toda a instituição dentro da qual eles operam.

Para o autor, o fortalecimento judicial através da constitucionalização e de estratégias políticas pode ter duas versões. Vejamos.

A versão micro emprega a lógica do mercado eleitoral para explicar o fortalecimento judicial; contudo, William Landes e Richard Posner argumentam que há outras variáveis, tais como as atividades de lobby, em que o legislador favorece os interesses de um determinado grupo em troca de votos. O papel de um Judiciário independente nessa consideração pode anular legislações correntes ou então promulgadas em sessões anteriores, criando instabilidades consideráveis no momento em que dificultar a venda de legislações a esses grupos.

Observando as variações nos graus de independência do Judiciário entre as democracias industriais, Mark Ramseyer desenvolveu os argumentos de William Landes e Richard Posner de que a independência judicial está relacionada à competitividade do sistema de partidos de uma sociedade organizada. Quando um partido governante tem perspectivas e grandes chances de permanecer no poder, a probabilidade do fortalecimento judicial é baixa. Isso ocorre porque os políticos, mesmo após as eleições, acabam por estabelecer barganhas em longo prazo com seus eleitores; todavia, quando um partido governante tem uma baixa expectativa de permanecer no poder, é mais provável apoiarem a independência do Judiciário para assegurarem que o próximo partido governante não possa utilizá-lo para atingir suas metas políticas. Assim, quanto maior for a independência dos tribunais, mais difícil será para governos sucessivos inverterem as políticas do governo que sucederam.[21]

---

[21] No Japão, por exemplo, onde o único partido governou quase ininterruptamente por quatro décadas após a II Guerra Mundial, a independência do Judiciário é mais fraca do que é em países onde há um risco reconhecido de que o partido no poder pode perder o controle da legislatura em cada eleição.

Tom Ginsburg argumenta que, em períodos de transição política e mudanças de regime, o *judicial review* oferece segurança aos prospectivos eleitores derrotados nas arenas políticas, facilitando a transição para a democracia e protegendo seus interesses.

Isso também pode ser vislumbrado de maneira clara nas agências com autonomia relativa, tal como o Banco Central, em países avançados: quanto mais tempo no poder, mais os políticos exercerão o controle sobre a política econômica, acarretando, consequentemente, a perda de independência da agência. Nessa mesma lógica, quando exercem o poder em períodos curtos, tendem a limitar a independência do Banco Central com o propósito de limitar as opções futuras de seus oponentes políticos.[22]

Enquanto a explanação estratégica do mercado eleitoral contribui para a compreensão de que o fortalecimento judicial tende a ocorrer especialmente em época de transição política, por outro lado, ela não oferece um entendimento pleno de constitucionalização e o surgimento do *judicial review*.

Para Hirschl, tal compreensão minimalista da política acaba por limitá-la ao mercado eleitoral dos partidos, deixando de lado a política em sociedades organizadas do novo constitucionalismo dividido étnica ou culturalmente, onde a tensão fundamental entre valores cosmopolitantos, seculares e religiosos tem sido de grande importância para a luta política nas últimas décadas.

A versão macro, que Hirschl denomina *tese de preservação hegemônica*, sugere que o fortalecimento judicial através da constitucionalização é mais bem compreendido como um subproduto da interação entre os interesses compatíveis das elites políticas, judiciais e econômicas, que buscam preservar ou melhorar sua hegemonia política através de processos isolados de elaboração de políticas. Quando se sentem ameaçadas diante das vicissitudes de políticas democráticas, decorrentes de instabilidades e variações, dão início a uma proteção constitucional dos direitos com o propósito de transferir o poder para as cortes supremas ou constitucionais. Elas são a favor da constitucionalização e acabam por determinar o tempo, a extensão e a natureza da reforma constitucional.

---

[22] Se o presidente da República Luiz Inácio Lula da Silva tivesse exercido a prerrogativa de indicar ocupantes para as vagas já abertas ou que ficarão disponíveis ainda este ano para as agências reguladoras e tribunais superiores, reduziria expressivamente o espaço de influência de seu sucessor nesses órgãos.

Sua preservação hegemônica é provável de ocorrer quando a reputação pública do Judiciário estiver relativamente elevada.

Quando o poder das cortes reflete as propensões culturais e preferências políticas das elites políticas hegemônicas, o fortalecimento judicial através da constitucionalização de direitos e do estabelecimento do *judicial review* pode oferecer um meio institucional eficiente através do qual elas possam isolar suas preferências políticas cada vez mais desafiadas contra a pressão política popular, especialmente quando processos majoritários da tomada de decisão não operam em sua vantagem.

O mesmo raciocínio para o fortalecimento judicial no âmbito internacional é apresentado através da tese intergovernametal concernente à evolução da Corte de Justiça Europeia. De acordo com essa tese, os Estados membros escolhem criar instituições supranacionais, respeitando os limites impostos, para que elas possam ajudá-los a superar os problemas que surgem da necessidade de ação coletiva e os problemas políticos internos.

Governos nacionais dos Estados membros da União Europeia transferiram o poder para a Corte de Justiça Europeia e a apoiaram no momento em que tomou um posicionamento proativo. Além do mais, a implementação seletiva da autoridade nessa corte pelos Estados membros deriva das considerações políticas internas de cada um deles, tais como maior desejo de implementar os juramentos da Corte de Justiça Europeia que favorecem certos eleitorados cujo suporte político é essencial para os governos.

Outros trabalhos sugerem similarmente que muitos Estados com democracias recém-estabelecidas na Europa após a II Guerra Mundial têm aderido aos tratados internacionais de direitos humanos (p. ex. a Corte Europeia de Direitos Humanos) a fim de se protegerem internamente das ameaças antidemocráticas, não obstante as táticas para a redução de futuras incertezas políticas pesarem sobre os custos.

A mesma lógica pode explicar a incorporação voluntária de importantes tratados internacionais e acordos protegendo direitos humanos fundamentais e liberdades civis no direito constitucional das democracias em conflito, como aconteceu na Argentina em 1994,[23] ou a constitucionalização

---

[23] O Mercosul tem conduzido as sociedades. No plano jurídico, a reforma constitucional argentina no ano de 1994 veio positivar a supremacia do tratado em relação ao ordenamento jurídico interno, nos termos do art. 75, incisos XXII e XXIV. Posteriormente, a Corte Suprema da Justiça da Nação Argentina construiu jurisprudência declarando a superioridade do tratado sobre as leis internas.

de direitos e o estabelecimento do correspondente *judicial review* em ampla escala, após anos de instabilidade política e o golpe de Estado militar, como aconteceu na Tailândia em 1997.

Elites políticas influentes, que são a favor da constitucionalização em sociedades organizadas governadas pela lei, devem assegurar a cooperação das elites econômicas e judiciais com interesses compatíveis, para efetivamente assegurarem seus interesses e fortalecer o Judiciário. De fato, para Hirschl, seu fortalecimento através da constitucionalização de direitos pode servir aos interesses das elites econômicas internas, tais como indústrias e corporações poderosas, que se favorecem diante da ausência de regulamentos e da redução dos gastos sociais provenientes das tendências econômicas globais. Assim, as ações e as intervenções governamentais na esfera privada ficam limitadas.[24]

As elites econômicas podem, portanto, ver a constitucionalização dos direitos, especialmente a propriedade, como meio de remover a rigidez do mercado, tais como barreiras de comércio e barganhas coletivas, promovendo a privatização e a desregulação econômica.

Em circunstâncias específicas, fatores econômicos e políticos internacionais também podem forçar as elites econômicas internas a defenderem a constitucionalização como um meio de proporcionar a liberdade econômica e as regras que permitam o livre movimento do capital transnacional. A incorporação na legislação interna de normas legais endossadas pelo comércio transnacional e regimes monetários serve como condição imposta sobre os países que lutam para se tornar Estados membros dos regimes econômicos supranacionais.[25] A restrição do Poder Legislativo através da constitucionalização de direitos e o estabelecimento do *judicial review* podem também melhorar a credibilidade econômica internacional de um dado regime.

---

[24] Historicamente, os proprietários de terras, os grandes negociadores e investidores econômicos tiveram seus direitos assegurados muito antes dos direitos dos trabalhadores e das mulheres. A história moderna da jurisprudência de direitos constitucionais sugere que as altas cortes nacionais também tendem a conceitualizar a proposta de direitos como uma proteção da esfera privada da interferência através do Estado e de suas instituições reguladoras.

[25] Novas democracias, tais como aquelas do antigo bloco oriental (a ex-União Soviética) que dependem de ajuda estrangeira e investimento são prováveis de se submeterem a pressão de importantes democracias ocidentais, corporações econômicas, ou órgãos transnacionais de governo para promoverem o domínio da lei através da abordagem de fundamentos constitucionais de democracias liberais.

Em resumo, a tendência global para a constitucionalização interessa mais do que a preservação de valores cada vez mais ameaçados de grupos sociais centrais ou importantes. Como Stephen Gill observa:

> o novo constitucionalismo é uma dimensão macropolítica do processo pelo qual a natureza e o propósito da esfera pública têm sido redefinidos de modo mais privatizado e comercializado [...] podendo ser definido como projeto político de uma tentativa de promover o liberalismo transacional e se possível, o capitalismo democrático liberal a modelo exclusivo para desenvolvimento futuro. Está portanto intimamente relacionado com o aumento da civilização do mercado.[26]

Hirschl entende que a transferência de poder para os tribunais pode também servir de interesse a uma suprema corte que busque aumentar sua influência política no âmbito internacional. Como a recente revolução estratégica no estudo de tomada de decisão judicial tem estabelecido, juízes podem ser seguidores precedentes, estruturadores de políticas legais ou tomadores de decisão estimulados por ideologias; porém, são, também, tomadores de decisões estratégicas sofisticadas, a fim de minimizarem as chances de que suas decisões sejam anuladas.

A expansão do poder judicial através da constitucionalização dos direitos e do *judicial review* pode também apoiar os interesses de uma suprema corte, que busca aumentar seu poder simbólico e prestígio intencional através da adoção de seu alinhamento com a crescente comunidade de nações democráticas liberais engajadas no *judicial review* e no discurso com base nos direitos. Nota-se que nas últimas décadas tem ocorrido uma interação entre as cortes e o estabelecimento de um discurso judicial globalizado, realizado através de tecnologias avançadas de informação, entre os juízes da corte superior de diferentes países.

## 5. Uma breve análise da judicialização no Brasil

O Brasil tem a singularidade, que o difere dos demais sistemas políticos, em que o controle da constitucionalidade das leis pelo órgão do Judiciário e as

[26] Gill apud Hirschl, *Towards juristocracy*, op. cit., p. 47.

cláusulas pétreas estão previstos na Constituição. Nessa perspectiva, não pairam dúvidas quanto à competência do Judiciário para invalidar leis e atos normativos com o fundamento de violarem algum dispositivo constitucional, bem como declarar a inconstitucionalidade de algum dispositivo de Emenda Constitucional que viole direitos ou garantias fundamentais.

Entretanto, o Supremo Tribunal Federal tem atuado como protagonista de nossa democracia contemporânea, em que são realizadas audiências públicas com a participação de *amici curia* representando entidades e grupos de interesses com entendimentos divergentes.

O ministro Carlos Aires Britto denominou a atuação do STF de "notável mecanismo constitucional de democracia direta ou participativa", em voto proferido na ADI 3510, referente ao julgamento sobre a constitucionalidade das pesquisas científicas com células-tronco embrionárias.

Temas com grande comoção e repercussão social e que têm ocupado a arena política, tais como a discussão se as células-tronco retiradas de embriões são consideradas seres humanos, a legalização da antecipação de parto de fetos anencéfalos, a proibição ou não da comercialização do amianto ou a importação de pneus usados, mostram um Judiciário cada vez mais envolvido com questões políticas, tomando para si as funções que foram atribuídas ao Legislativo e Executivo, provenientes da tripartição dos poderes de Montesquieu.

Como observaram Luiz Werneck Vianna, Marcelo Burgos e Paula Salles:

> [...] na análise de um banco de dados composto por 3.648 Adins, ajuizadas entre 1988 e 2005. A percepção mais geral que se impõe é a de que Adins já fazem parte do cotidiano da moderna democracia brasileira, afirmando ao longo de quase duas décadas, em sucessivos e diferentes governos, a sua presença institucional, e mais fortemente ainda no atual governo Lula, em que funciona como escoadouro dos conflitos entre sociedade e Estado, e dos que surgem no interior da própria administração pública e da federação.[27]

Como se não bastasse a Emenda Constitucional nº 45 estabelecendo a súmula vinculante no art. 103-A da Magna Carta, o STF vem conferindo

[27] VIANNA, Luiz Werneck; BURGOS, Marcelo Baumann; SALLES, Paula Martins. Dezessete anos de judicialização da política. *Cadernos Cedes*, Rio de Janeiro, n. 8, p. 46, dez. 2008.

legitimidade a si próprio para promover a adequação das leis à sua racionalidade, sob o argumento de existir um "clamor público" que ocupa cada vez mais espaço, o senso comum de que todo político eleito é corrupto até que se prove o contrário, que todos os partidos políticos são venais e que a política sempre encerra interesses inconfessáveis, contribuindo para o ativismo judicial.

## 6. Conclusão

O mundo converge para o constitucionalismo, originando-se do recente compromisso democrático pós-guerra para a noção de uma democracia que requer muito mais do que uma mera aderência ao princípio da vontade da maioria.

O *judicial review* é pré-requisito de um governo democrático viável nas multicamadas dos países federativos e na ascensão de políticas supranacionais. Em resumo, a existência de um Judiciário ativo e independente parece ser uma condição necessária para a democracia durante a segunda metade do século XX.

A maior prova do êxito da democracia nos dias de hoje origina-se do aumento da aceitação e da aplicação da ideia de que ela não mais equivale à vontade de uma maioria. Cuida-se, pois, de uma real democracia, em que as minorias devem ter seus direitos resguardados por uma Constituição escrita e imutável até mesmo pelo parlamento.

Entretanto, a prática tem se demonstrado outra, uma vez que a judicialização da política tem servido de instrumento para assegurar os interesses das elites organizadas quando sentem-se ameaçadas: as elites políticas buscam cada vez isolar suas preferências políticas das vicissitudes de políticas democráticas; as elites econômicas compartilham um compromisso com os mercados livres e uma antipatia concomitante com o governo; e as supremas cortes buscam melhorar seu poder simbólico e posição institucional.

Para Hirschl, a constitucionalização de direitos e a fortificação do *judicial review* resultam de um pacto estratégico conduzido por elites hegemônicas cada vez mais ameaçadas que buscam o isolamento de suas preferências políticas contra a mudança de políticas democráticas, em associação com as elites econômicas e judiciais que têm interesses compatíveis. As mudanças que emergem refletem uma combinação das preferências políticas e dos interesses profissionais desses grupos.

Assim, torna-se evidente que a explicação hegemônica de preservação não depende da existência de qualquer necessidade social e que a ação humana e os incentivos políticos são fatores determinantes para o fortalecimento judicial. Tal abordagem sugere que a expansão do poder judicial através da constitucionalização de direitos e o estabelecimento do *judicial review* reflete à apropriação da retórica da justiça social através de elites ameaçadas para ampliar sua própria posição nas lutas políticas de uma sociedade organizada específica.

## Referências

DWORKIN, Ronald. *Levando os direitos a sério*. São Paulo: Martins Fontes, 2002.

FERRAJOLI, Luigi. *Sobre la definición de "democracia"*: una discusión con Michelangelo Bovero. Disponível em: <www.cervantesvirtual.com/servlet/SirveObras/01372719724684726977680/Isonomia_10.pdf>. Acesso em: 27 dez. 2009.

GINSBURG, Tom. *Judicial review in new democracies*. Cambridge: Cambridge University Press, 2003.

HIRSCHL, Ran. *Towards juristocracy*: the origins and consequences of the new constitucionalism. Cambridge: Harvard University Press, 2004.

MARQUES, Raphael Peixoto de Paula. História semântica de um conceito: a influência inglesa do século XVII e norte-americana do século XVIII na construção do sentido de Constituição como *Paramount Law*. *Revista do Unipê*, João Pessoa, ano XII, n. 2, 2008. Disponível em: <http://unipe.br/revista/revista_2.pdf>. Acesso em: 4 jan. 2010.

RAMSEYER, J. Mark. Cross-shareholding in the Japanese Keiretzu. In: GORDON, Jeffrey N.; ROE, Mark J. *Convergence and persistence in corporate governance*. Cambridge: Cambridge University Press, 2004.

TATE, C. N.; VALLINDER, T. (Orgs.). *The global expansion of judicial power*. New York: New York University Press, 1995.

VIANNA, Luiz Werneck; BURGOS, Marcelo Baumann; SALLES, Paula Martins. Dezessete anos de judicialização da política. *Cadernos Cedes*, Rio de Janeiro, n. 8, p. 1-71, dez. 2008.

_____ et al. *A judicialização da política e das relações sociais no Brasil*. Rio de Janeiro: Revan, 1999.

# A prestação de serviços públicos como função estatal

Cherubin Helcias Schwartz Júnior

## 1. Introdução

A rigor, tudo se transforma ao longo do tempo, no curso da vida.

O mesmo se dá com a ciência do direito.

De fato, institutos jurídicos, conceitos técnicos, dogmas, postulados e até princípios que orbitam no mundo do direito sofrem constantes transformações no curso do tempo, ditadas por circunstâncias internas e também por fatores exteriores que sobre eles operam.

Mudanças da dimensão de valores individual ou socialmente encarecidos, fatores econômicos, circunstâncias sociais, entre outros, atuam sobre o direito, impondo modificações.

O aprimoramento de determinados mecanismos de regência das relações humanas, por seu turno, atua como dado interno que repercute sobre variados institutos da ciência jurídica.

Essas transformações, no entanto, nem sempre ocorrem de forma tranquila e serena, forma mais cômoda de evoluir, operando circunstancialmente de maneira abrupta e traumática. Revoluções, guerras, catástrofes naturais, por exemplo, concorrem muitas vezes para que as mudanças sobrevenham de modo radical e extremo. Outras vezes, as transformações vêm em ondas ou ciclos, que conduzem a modificações estruturais amplas.[1]

Nos últimos 30 anos, o direito constitucional e particularmente o direito administrativo sofreram profundas transformações de caráter estrutural, as quais, inclusive, repercutiram na maneira como mencionados ramos da ciência jurídica passaram a disciplinar relações humanas sobre as quais operam.

Especificamente no caso do direito administrativo, tornou-se clara a mudança de perspectiva acerca do papel do Estado, no âmbito das relações das quais participa, com forte repercussão na estrutura e dimensão de certos institutos e conceitos vigentes no contexto dessa ramificação do direito.

O presente trabalho, nascido a partir das aulas ministradas pelo professor Sérgio Guerra, junto ao Mestrado Profissional em Poder Judiciário, da FGV-Rio, pretende expor o resultado de nossas modestas reflexões acerca das transformações sofridas pelo direito administrativo, em vários de seus aspectos, mas, em especial, no campo da prestação dos serviços públicos.

Parece-nos que a compreensão exata do tema parte de duas indagações, que remetem às profundas transformações sofridas pelo direito administrativo no contexto dos serviços públicos, como também à percepção de algumas crises vividas pelo modelo perseguido e, por fim, aos rumos que se quer seguir e, mais, que podem ser seguidos, após 30 anos de experimentação.

Pode-se perquirir:

- Que modelo de Estado desejamos ter?
- Que modelo de Estado podemos construir?

---

[1] Exemplo de um ciclo de transformações é a instauração de uma nova ordem constitucional, que não tenha decorrido de um processo revolucionário violento e radical. A Constituição brasileira de 1988 traduz um exemplo emblemático dessa situação, tanto antes de sua edição, como também posteriormente a 5 de outubro de 1988. De fato, o ciclo de instauração de um novo regime constitucional, que veio a lume em 5 de outubro de 1988, iniciou-se bem antes, talvez no princípio da década de 1980, com o advento da lei da anistia, a reorganização partidária e a eleição direta dos governadores de estado, em 1982, culminando, após outras transformações, com a Constituição de 1988. Após 5 de outubro de 1988, iniciou-se novo ciclo, com profundas transformações legislativas e no papel do Poder Judiciário, sendo expressão clara deste novo ciclo, entre outros, o advento do CDC e o consequente patamar alcançado pelos direitos do consumidor, e a universalização efetiva da prestação dos serviços de saúde, assegurada pelas cortes brasileiras. A nosso modesto sentir, no âmbito específico do direito administrativo, o início de um ciclo de transformações dá-se com o advento da EC nº 19/1998 e a instauração de um modelo neoliberal no papel do Estado, nas relações envolvendo prestação de serviços.

## 2. A prestação de serviços públicos como função estatal

Aparentemente, não se criou ainda, embora já passados mais de dois séculos do surgimento da teoria, um modelo de estruturação das funções do Estado melhor que a concepção de Charles Louis, o barão de Montesquieu, cujo maior mérito teria sido o de dar organicidade às atividades estatais.

Efetivamente, antes dele, em especial o pensamento inglês já identificava variadas e específicas funções desempenhadas pelo Estado.

Coube ao gênio francês o mérito de atribuir cada uma dessas funções a determinados e diferentes órgãos (organicidade), coartando o absolutismo monárquico, de um lado, e profissionalizando mencionadas atividades, de outro.

A concepção clássica, no entanto, também sofreu transformações ditadas por variados fatores de influência, os quais conduziram o pensamento contemporâneo à divisão das atividades estatais em duas ordens de funções: aquelas de caráter finalístico (art. 2º da CF) e as funções instrumentais.

As atividades finalísticas constituem-se na própria justificação da razão da existência do Estado, o móvel de sua elaboração. Realmente, o Estado existe, claro que em perspectiva bastante simples, para desempenhar certas atividades a si reservadas, funções que são de sua exclusiva alçada. Somente o Estado pode exercer determinadas atividades, que o diferenciam dos demais sujeitos das relações jurídico-políticas e econômicas. A rigor e em regra, só o Estado presta jurisdição, edita a lei e governa (execução), constituindo-se este no núcleo da razão de sua existência.

Percebeu-se, porém, que incontáveis fatores influenciam a atuação do Estado no ambiente no qual ele se insere, fazendo com que ele tenha de operar em maior ou menor extensão, em relação àquelas funções finalísticas. Efetivamente, em variados momentos históricos e em distintos espaços, tornou-se imperioso que o Estado atuasse em campo mais ou menos amplo que aqueles exclusivamente das funções finais.

Surge, então, a concepção de que o Estado, a par das atividades finalísticas (jurisdição, execução e legiferação), desempenharia também, em maior ou menor extensão, outras funções, ditadas por variados fatores, como a cultura e a economia. Tais funções serviriam, ademais, para em certas circunstâncias viabilizar o próprio desempenho das funções finalísticas, merecendo, por isso, a designação de funções instrumentais.

Essas atividades instrumentais seriam definidas a partir da adoção de um determinado modelo de Estado, influenciado por variados fatores que justificariam uma maneira de atuação estatal, às vezes mais interveniente e prestativa, outras vezes apenas de regulação e fiscalização.

Vê-se, pois, que a demanda por intervenção do Estado, desempenhando certas funções, é que vai definir a grandeza de tais prestações. Um Estado mais assistencialista, de índole social, à toda evidência prestaria serviços de saúde, educação, filantropia, transportes, telecomunicações e outros, prestando-os em regra, em caráter direto e imediato, sem interveniência de terceiros. Um Estado influenciado por uma perspectiva liberal, por seu turno, pautado no poder da iniciativa privada, atuaria de modo regulatório, delegando funções a particulares e reservando para si a disciplina e fiscalização daquelas.

A rigor, não é possível definir qual o melhor modelo de Estado, dependendo tal definição da opção ideológica adotada na regência do funcionamento estatal, tanto por força da norma positivada, como identicamente pelo desejo do detentor do poder.[2] Diante dessa percepção, parece inegável que o Estado se legitima a atuar em campos diversos das funções finalísticas legitimando-se de modo incontestável como prestador de serviços públicos ou de interesse público, quer diretamente, como também indiretamente, por meio de terceiros.

A maneira, pois, pela qual se dará a atuação será condicionada pelo modelo de Estado que se quer ou se pode ter, de acordo com o ordenamento vigente e a ideologia que informa o governante, o legislador e até os tribunais.

## 3. O Estado gestor em terras brasileiras

Cultura e tradição, mais especificamente tradição cultural, configuram sentimentos que se mostram, ao mais das vezes, infensos às transformações de qualquer ordem ou natureza.

---

[2] Ao longo da década de 1970, a título de exemplificação, ao menos na América Latina, vigorou a ideologia da segurança nacional, por força da qual o Estado estendia sua atuação a setores considerados de segurança estratégica, como exemplificadamente as telecomunicações. No curso da década de 1980, com a ascensão de certos governos de caráter social, na Europa Continental, deu-se uma mudança de rumo, passando o Estado a prestar mais acentuadamente serviços de cunho social, como saúde e educação. Ainda no curso da década de 1980, na Grã-Bretanha e Estados Unidos, cresceu a influência do pensamento liberal, surgindo a ideia de um Estado meramente gestor, modelo que alcançou o Brasil na década de 1990.

No ponto particular da tradição do direito brasileiro, notadamente do direito administrativo, o Estado em regra operava como um prestador de serviços, facilitador das necessidades ou utilidades reclamadas pelos administrados. Tal postura decorria, de um lado, de uma perspectiva assistencial coronelista do Estado em face dos administrados, consagrada inclusive na lei, desde o Império, permeando a Velha República; de outro lado, de uma ideologia política nacionalista, notadamente a partir da Revolução de 1930, segundo a qual o Estado deveria, a exemplo da família, exercer controle onipresente sobre os indivíduos. Esse modelo vigorou no Brasil por várias décadas do século passado, alcançando seu auge nas décadas de 1970-80.

No curso de aproximadamente 50 anos, o Estado brasileiro atuou diuturnamente no âmbito das relações sociais intervindo diretamente sobre elas, prestando por si serviços e facilidades em favor dos utentes do sistema. Tal tendência ficava clara, inclusive, com a criação de entidades que com o Estado concorriam na prestação daqueles serviços eleitos como necessários ou simplesmente úteis.

Autarquias, empresas públicas, sociedades de economia mista e fundações atuavam concorrentemente ao Estado, atendendo necessidades dos administrados, gerando muitas dúvidas e até certa perplexidade acerca dos limites de atuação de cada uma delas. Evidenciava-se a absoluta impossibilidade de manter-se um sistema pautado na sobreposição de competências entre entidades cooperativas.

Paralelamente a isso, a acentuada concentração ideológica, no contexto da formatação do Estado, implicava a distorção em sua atuação e das várias entidades que com ele concorriam na prestação de serviços públicos. Realmente, influências políticas e concepções ideológicas, ao mais das vezes ultrapassadas, conduziram ao comprometimento absoluto do modelo até então adotado, reclamando a adoção de soluções e alternativas, às vezes radicais e diametralmente contrárias ao contexto então vigente.

Fazia-se necessário rever o estágio então alcançado, porque, de um lado, o Estado não mais conseguia desempenhar aquelas funções, e, de outro, tornara-se demasiadamente dispendiosa a manutenção daquele modelo. Insuficiência de desempenho e excesso de custos foram o móvel para a transformação do perfil do Estado-administrador, já que, a rigor, a justificativa para a assunção daquela ordem de encargos residia exatamente no pensamento oposto, qual seja, de que o Estado atuaria de forma aprimorada em relação aos particulares e com menor dispêndio de recursos.

Ao final da década de 1970 e no curso da década de 1980, tanto na Grã-Bretanha como nos Estados Unidos, assumiram o poder governos pautados na liberdade de mercado, o que fez com que se repensasse o modelo de Estado, deixando este de atuar diretamente no campo da prestação de serviços, para reservar a si a gestão destes, com a transferência da execução aos particulares.

Esse pensamento teve forte influência no Brasil, notadamente ao longo da década de 1990, levando a importantes transformações do ordenamento jurídico, inclusive com modificações do texto da Constituição Federal de 1988, as quais conduziram à edição da EC 19/1998 e sucessivas transformações normativas, que trouxeram para nosso ambiente um novo modelo de Estado, menos interveniente, porém, presente; menos parcial, no entanto, ainda interessado; menos concorrente, mais contributivo, técnico e eficiente, ao menos, teoricamente percebido.

Vem a lume entre nós a ideia de Estado regente, gestor, em contraposição à concepção de outrora, pela qual o Estado prestava diretamente os serviços públicos. Como já dito, porém, a tradição cultural do direito brasileiro resistiu a estas transformações e, embora não tenha sido propriamente traumática a mudança no ordenamento pátrio, por força da forte influência americana e europeia, não se deu ela sem sequelas, as quais concorreram para a imperfeição do modelo.

Assim, embora tenham ocorrido mudanças setoriais e positivas na estrutura do direito administrativo pátrio,[3] aquele contexto de resistência e oposição contribuiu para a adoção de um modelo imperfeito, aquém das exigências e possibilidades da realidade, e, não raro, sujeito a patologias típicas do modelo abandonando, como, v.g., a insuficiência de desempenho e o excesso de custos, comprometendo assim o próprio conceito que se pretende adotar.

[3] O ciclo evolutivo pelo qual passou o direito administrativo, ao longo dos anos 1980-90, trouxe mudanças significativas na sua estrutura. A limitação da discricionariedade, a contratualização das permissões, a redução do âmbito da autoexecutoriedade dos atos administrativos, a obrigatoriedade de licitar, a ampliação da competência dos tribunais de contas são apenas alguns exemplos das transformações experimentadas pelo direito administrativo, as quais implicaram verdadeira reestruturação desse ramo da ciência jurídica.

## 4. O modelo brasileiro de gestão

### *Tipo — Imperfeições*

Percebe-se, então, a gravidade do tema, porque o comprometimento do papel do Estado em questão tão significativa implica a falência do sistema e a frustração das justas expectativas dos administrados. No caso brasileiro, embora bastante clara a opção feita pelas forças dirigentes acerca do modelo de Estado proposto, existe ainda o sério risco de comprometimento da opção.

A politização excessiva das agências reguladoras e de fomento, com indicações de dirigentes baseadas em critérios partidários, e não em opções técnicas; a indefinição acerca das normas aplicáveis a tal ordem de relações jurídicas, com uma excessiva valorização de normas meramente supletivas, como o CDC; a reduzida clareza acerca dos deveres dos prestadores e da delimitação da justa expectativa de lucros dos mesmos constituem-se em problemas complexos que comprimem as relações jurídicas no campo dos serviços públicos, podendo vir a comprometer o modelo adotado, se acaso vierem a cronificar-se, prejudicando a estrutura fundamental do sistema.

O modelo brasileiro de Estado liberal, ao menos no que tange ao direito administrativo, buscou inspiração na lição anglo-americana, pela qual o Estado delega um sem-número de atividades aos particulares, ao mesmo tempo que regula especificamente várias atividades a eles reservadas num sistema binário, pelo qual, de um lado, o Estado despe-se de algumas competências, delegando-as aos particulares, e, de outro, interfere ativamente na esfera jurídica destes. Por força destas opções, o Estado assume um papel de ente regulador, em contraposição à antiga postura de prestador, hipertrofiando seu poder de normatização, como forma de disciplinar certas relações sociais.

Paralelamente a isso, criaram-se novas formas de autarquias, destinadas a preservar a disciplina normativa, zelando pelo cumprimento das regras regentes da atividade, ou dedicadas ao fomento de certas atividades. As agências reguladoras e de fomento surgem, portanto, dedicadas a impulsionar o modelo de Estado adotado, quer por meio do controle das atividades, quer pelo implemento e subsídio às mesmas.

Esse modelo, no entanto, exige a rigorosa e estreita observância dos postulados e fundamentos que lhe dão suporte e base, sob pena de haver o comprometimento absoluto de seu funcionamento e operação. Essa constatação, a par de óbvia, se mostra de larga relevância, porque o comprometimento do modelo implica o próprio comprometimento do Estado. Restaria, assim, desvirtuado o perfil de Estado escolhido pelo pensamento dirigente pátrio, vez que embora inspirado no modelo importado, não estaria atendido o substrato básico para sua manutenção.

Parece então, diante de tal contexto, que se há de exigir, ao menos minimamente, a observância de certos requisitos, sobre os quais assenta a matriz do sistema brasileiro, da prestação de serviços públicos, com o atendimento de ditames como: a observância da técnica, em detrimento da política; a profissionalização dos quadros funcionais; a sistematização da atuação dos órgãos e entidades fiscalizadoras; a delimitação objetiva dos deveres e direitos dos prestadores, bem como dos direitos dos usuários; a explicitação do conceito e limites do lucro administrativo; a identificação do diploma regente do tema, enfim, o esclarecimento de todas essas questões, entre outras, de forma clara e incontroversa.

Parece que os poderes envolvidos na prestação de serviços públicos não têm, de modo adequado, tratado das questões a eles atinentes, o que se reclama e se impõe, sob pena de voltarmos ao dilema de outrora, de falência do sistema adotado.

## 5. Conclusão

O modelo brasileiro de Estado administrador encontra-se em crise, e essa, com todas as implicações, decorre, precipuamente, da falta de precisão de conceito e limites do papel estatal, impondo-se ao intérprete, menos que compreender tal realidade, procurar transformá-la, para que se possa volver às origens do modelo que se deseja adotar, sem as imperfeições que o comprometem na atualidade.

## Referências

GUERRA, Sérgio. *Temas de direito regulatório*. Rio de Janeiro: Freitas Bastos, 2005.

MEDAUAR, Odete. *O direito administrativo em evolução*. 2. ed. São Paulo: Revista dos Tribunais, 2003.

# O direito, o juiz e as profecias que se autocumprem

Felipe Dutra Asensi

## 1. Introdução: a centralidade do juiz

No campo da teoria do direito, observam-se transformações que se traduzem principalmente na superação da perspectiva do positivismo jurídico.[1] Essa perspectiva sobre o direito — fundamentalmente formalista — recebeu críticas ao longo do século XX e vivenciou momentos de forte crise num cenário cada vez mais complexo e fragmentado, em que as instituições jurídicas passaram por transformações estruturais e axiológicas. Principalmente após os excessos e descaminhos ocasionados pelas duas guerras mundiais, os problemas derivados de regimes totalitaristas e o colapso econômico de alguns países, o que se convencionou chamar de *pós-positivismo* buscou se consolidar como uma alternativa à insuficiência e insensibilidade das correntes anteriores, sobretudo ao incorporar critérios valorativos e principiológicos no campo do direito.

[1] O positivismo se constituiu no campo do direito ainda no século XX, e um dos principais sistematizadores deste paradigma foi Hans Kelsen (*Teoria pura do direito*. São Paulo: Martins Fontes, 2000). Esse jurista dedicou boa parte de sua obra à formulação e desenvolvimento de uma *teoria pura do direito*. Essa teoria fundamenta a ordem jurídica na própria norma positivada, sem levar em conta como fundamento de validade qualquer aspecto subjetivo, valorativo, sociológico ou cultural. Kelsen parte do princípio de que o direito regula a sua própria criação; logo, as regras regulam a maneira pela qual outras regras devem ser criadas através de um sistema lógica e sistematicamente coeso e não contraditório.

À medida que o tema do pluralismo foi recebendo destaque no debate contemporâneo e a multiplicidade de grupos sociais ganhou evidência com os eventos ocorridos ao longo do século, o direito passou a ser pensado pelo prisma de outras categorias, tais como *heterogeneidade*, *comunicação*, *valores*, *argumentação* etc. Além disso, ao priorizar os princípios como efetivas normas jurídicas, foram estabelecidos objetivos e finalidades a serem alcançados pelos Estados nacionais, o que possibilitou a ampliação dos elementos éticos, sociais e culturais a serem inseridos na interpretação e aplicação da norma jurídica. O direito deveria ser pensado a partir de seu papel na sociedade, compreendendo-se como direito não somente as regras escritas no texto da lei, mas também os princípios que permeiam todo seu sistema de valores suprapositivos.

Do ponto de vista da aplicação do direito, os teóricos do pós-positivismo — tais como Ronald Dworkin, Chaim Perelman, Theodor Viehweg, Robert Alexy e outros — sustentaram que a forma de concretizar o direito é se debruçando sobre o problema e sobre casos empíricos particulares a serem decididos pelos juízes, e não sobre a regra jurídica, como se enfatizou no positivismo jurídico.[2] Em geral, essa superação da "letra" da lei e a incorporação de valores têm sido o fundamento teórico para que essa perspectiva seja denominada *pós-positivismo*. Por outro lado, o pós-positivismo recepcionou uma característica fundamental e estruturante do argumento positivista: a concepção centrada no juiz. O positivismo admite a figura do juiz como elemento essencial para a aplicação de qualquer norma jurídica, que se fundamenta num mecanismo de legitimidade formal. Por sua vez, as reflexões dos autores assumidos como pós-positivistas, em ampla medida, são ainda reflexões sobre o juiz e os processos de decisão e aplicação do direito. A institucionalidade do Judiciário como elemento essencial para o direito também está presente no chamado pós-positivismo.

Observe-se que, historicamente, o Judiciário foi tradicionalmente associado a um poder inerte, que se conteria a apenas reproduzir o conteúdo previsto na lei. Emblemática, aqui, é a ideia de Montesquieu de que o Judi-

[2] Na perspectiva pós-positivista, o direito passa a incorporar conteúdos orientados por uma verdadeira razão prática. A simples adequação fato/norma, que seria realizada de maneira mecanicista e pouco sensível às especificidades dos fatos sociais, deu lugar a uma nova forma de pensar o direito em sociedade, ou seja, um direito capaz de considerar e respeitar as diferenças e de levar em conta as particularidades inerentes ao caso concreto. Tais casos concretos, por definição, variam de acordo com os atores e as circunstâncias em que estão inseridos.

ciário seria apenas a *boca da lei*, ou seja, sua função seria a de mero tradutor do texto jurídico, afastando qualquer tipo de subjetividade ou papel proativo na realização do direito. No cenário contemporâneo, o que se observa é a transformação de "Poder 'mudo' a Terceiro Gigante",[3] alçando o Judiciário a uma centralidade considerável.

A relevância institucional do Judiciário no Brasil não se reduz ao âmbito da política. Num contexto *welfareano* em que há uma pluralidade de normas de eficácia plena e programática que visam, em algum grau, impor um dever de agir ao Executivo, o Judiciário tem sido cada vez mais acionado para resolver conflitos, efetivar direitos e implementar políticas públicas. Nesta linha, denomina-se *judicialização* o termo que define o movimento de discussão, no campo do direito e com protagonismo do Judiciário, dos conflitos político-sociais. Tal perspectiva exprime que não somente os atores privilegiados se utilizam da via judicial para resolver *conflitos políticos*, tais como partidos políticos, chefes do Executivo etc. Judicializar relações sociais envolve um processo muito mais amplo, que alça o Judiciário a referencial de resolução de *conflitos sociais*.[4]

---

[3] VIANNA, Luiz Werneck et al. *Corpo e alma da magistratura brasileira*. Rio de Janeiro: Iuperj, 1997. p. 39. Na análise de Luiz Werneck Vianna et al., "neste meio século que nos distancia do último conflito mundial, os três Poderes da conceituação clássica de Montesquieu se têm sucedido, sintomaticamente, na preferência bibliográfica e da opinião pública: à prevalência do tema do Executivo, instância da qual dependia a reconstrução do mundo arrasado pela guerra, e que trouxe centralidade aos estudos sobre a burocracia, as elites políticas e a máquina governamental, seguiu-se a do Legislativo, quando uma sociedade civil transformada pelas novas condições de democracia política impôs a agenda de questões que diziam respeito à sua representação, para se inclinar, agora, pelo chamado Terceiro Poder e a questão substantiva nele contida — Justiça" (p. 24). A respeito do tema, Giselle Cittadino afirma: "a ampliação do controle normativo do Poder Judiciário no âmbito das democracias contemporâneas é tema central de muitas discussões que hoje se processam na ciência política, na sociologia jurídica e na filosofia do direito. O protagonismo recente dos tribunais constitucionais e cortes supremas não apenas transforma em questões problemáticas os princípios da separação dos poderes e da neutralidade política do Poder Judiciário, como inaugura um tipo inédito de espaço público, desvinculado das clássicas instituições político-representativas" (CITTADINO, G. Judicialização da política, constitucionalismo democrático e separação de poderes. In: VIANNA, L. W. (Org.). *Democracia e os três poderes no Brasil*. Belo Horizonte: UFMG, 2002. p. 17). Ao refletir sobre o protagonismo do Judiciário, Matthew Taylor sustentou: "é amplamente reconhecido que, embora o Judiciário não possua 'nem a bolsa nem a espada' —, ou seja, nem os poderes orçamentários do Legislativo nem os poderes coercitivos do Executivo —, ele tem um considerável poder político como depositário da fé pública nas regras do jogo. O Judiciário desempenha um papel central na determinação e aplicação de princípios tanto constitucionais quanto ideais, tais como o Rechstaat ou état de droit" (TAYLOR, M. O Judiciário e as políticas públicas no Brasil. *Dados — Revista de Ciências Sociais*, v. 50, n. 2, p. 248, 2007).

[4] É possível atribuir essa relevância institucional a alguns elementos, entre os quais se destacam: a) a ampliação da possibilidade de controle de constitucionalidade exercido pelo Judiciário por

Com isso, a perspectiva que enfatiza o movimento de judicialização, seja da política, seja das relações sociais, evidencia que o Judiciário passa a ocupar centralidade no processo de resolução de conflitos políticos e sociais. Como desdobramento, o papel de outras instituições jurídicas apresenta-se como um mero agente proponente de ações judiciais a um magistrado, que possui a competência jurisdicional para resolver o litígio. Porém, existem outras formas de as instituições jurídicas efetivarem direitos e resolverem conflitos que não remetam necessariamente a um processo judicial, mas que ainda assim realizam uma discussão jurídica sobre a política e as relações sociais. O espaço extrajudicial revela-se como um espaço riquíssimo, em que os atores possuem ampla possibilidade de efetivar direitos e atuar profissionalmente em defesa do cidadão. A via judicial como forma de compreensão do direito, além de reducionista, pode apresentar-se como fortemente assimétrica em relação às diversas instituições jurídicas.

A centralidade teórica e metodológica do Judiciário nas reflexões contemporâneas pode contribuir para um verdadeiro "apequenamento" da relevância institucional da advocacia, Ministério Público e Defensoria Pública, além de confundir o direito com o Judiciário ou, mais propriamente, com os entendimentos e concepções construídas no interior da dinâmica judicial. Portanto, este trabalho visa justamente refletir sobre estes limites teóricos e metodológicos que podem se traduzir numa restrição às possibilidades concretas de efetivação de direitos por parte dos cidadãos de forma extrajudicial, e, no âmbito acadêmico, numa restrição às pesquisas que visam compreender a prática das instituições jurídicas. Em ambos os casos, como será analisado, observam-se "profecias que se cumprem por si mesmas",[5] que consistem em enunciados que alteram e influem nas ações dos indivíduos e, somente após, se tornam verdadeiros para aqueles indivíduos. Tais profecias

---

meio da via concentrada (ex.: ação direta de inconstitucionalidade, ação declaratória de constitucionalidade, ação de descumprimento de preceito fundamental etc.) e pela via difusa (por meio de incidentes processuais a serem julgados por juízes monocráticos e tribunais); b) a intensificação dos mecanismos e estratégias de ampliação do acesso à justiça (ex.: Juizados Especiais Cíveis e Criminais, Justiça Itinerante, Defensoria Pública etc.); c) o incremento do poder político que as associações de magistrados passaram a exercer no contexto brasileiro de efetivação de direitos, principalmente por meio de manifestos e estratégias de pressão (ex.: Associação dos Juízes Federais do Brasil, Associação Nacional dos Magistrados da Justiça do Trabalho, Associação dos Magistrados Brasileiros etc.). Tais fatores permitem reconhecer um reforço do papel institucional do Judiciário em tornar os direitos expressos formalmente e efetivamente exercidos pelos seus titulares.

[5] MERTON, R. *Sociologia*: teoria e estrutura. São Paulo: Mestre Jou, 1970.

alçam o Judiciário a uma centralidade não apenas ontológica no cotidiano dos indivíduos, mas também a uma centralidade teórica e metodológica nas pesquisas científicas sobre as instituições jurídicas. Por fim, serão analisados os desafios presentes à endogenia judicial da profecia e apresentados caminhos analíticos alternativos.

## 2. Limites da perspectiva centrada no juiz

As concepções do pós-positivismo e dos estudos de judicialização possuem um ponto em comum: a centralidade do juiz na efetivação dos direitos. Tais concepções vão além ao estabelecerem que, metodologicamente, as pesquisas realizadas no campo do direito também devem seguir o referencial judicial, o que alça o Judiciário a um verdadeiro *lugar privilegiado* de discussão de acadêmicos, profissionais do direito e atores políticos.

Desse modo, é importante salientar que as concepções construídas pelo pós-positivismo e pelos estudos de judicialização podem possuir limitações de diversas naturezas. A assunção do juiz como um ator essencial na aplicação e interpretação do direito — realizada pelo pós-positivismo —, e a assunção do juiz como a instituição jurídica primaz na efetivação do direito — realizada pelos estudos de judicialização —, propicia a supervalorização da dinâmica judicial. Inclusive, o direito é frequentemente relacionado à instituição judicial. Tal valorização tem sido operada em detrimento de reflexões sobre outras formas jurídicas e não jurídicas de aplicação e efetivação de direitos.

Nessa seara, é possível elencar duas limitações que concernem à centralidade do juiz na compreensão do direito contemporâneo, sobretudo quando se considera a interface com a sociedade e a política. Os *limites teóricos* dizem respeito aos desafios e insuficiências relacionados à reflexão sobre o direito no mundo contemporâneo, que assume o Judiciário como central para a efetivação dos direitos e, inclusive, para a atuação das demais instituições jurídicas. Os *limites metodológicos*, que, em muitos casos, estão diretamente associados aos limites teóricos, dizem respeito aos desafios que se apresentam às pesquisas sobre as instituições jurídicas, sobretudo em função da primazia que conferem às ações judiciais na efetivação de direitos.

A compreensão desses dois limites é fundamental para estabelecer os nexos entre a prática judicial e as profecias que se autocumprem, especialmente quando são analisadas as transformações institucionais pelas quais o Judiciário passou nos últimos 20 anos no Brasil. Como uma profecia, uma vez admitida pelos atores (partes, operadores do direito e acadêmicos) como verdadeira, a prática judicial passa a ser interpretada como o espaço privilegiado — e, em muitos casos, único — de encaminhamento de conflitos e efetivação de direitos.

### *2.1 Limites teóricos*

Como visto, os limites teóricos exprimem os desafios e insuficiências relacionados à reflexão sobre o direito no mundo contemporâneo, pois assumem o Judiciário como central para a efetivação dos direitos e, inclusive, para a atuação das demais instituições jurídicas. É possível elencar três limites elementares: a) o modelo adversarial da dinâmica judicial, associado ao princípio da inércia da jurisdição; b) a reflexão do juiz como um órgão decisor individual e solitário, sem dedicar especial atenção às decisões coletivas de colegiados; c) a ênfase no momento da aplicação do direito posto, deixando em segundo plano a construção e reconhecimento de novos direitos pelo juiz e também a construção de direitos não postos e vigentes no âmbito societário.

No que concerne ao primeiro limite, o Judiciário tradicionalmente se constituiu a partir de um modelo adversarial, que pressupõe, em seu desenvolvimento, o princípio da inércia da jurisdição. A lógica jurídica pressupõe o modelo liberal clássico, em que o juiz é o centro no qual gravitam as duas partes. Bourdieu descreve adequadamente esse cenário ao ressaltar que o campo jurídico representa a

> confrontação de pontos de vista singulares, ao mesmo tempo cognitivos e avaliativos, que é resolvida pelo veredicto solenemente enunciado de uma "autoridade" socialmente mandatada, o pleito representa uma encenação paradigmática da luta simbólica que tem lugar no mundo social: nesta luta em que se defrontam visões do mundo diferentes, e até mesmo antagonistas, que, à medida de sua autoridade, pretendem impor-se ao reconhecimento, e, deste modo, realizar-se, está em jogo o monopólio do poder de impor o princípio universalmente reconhecido de conhecimento do mundo social, o *nomos* como princípio universal de visão e de divisão (*nemo* significa separar, dividir, distribuir), portanto, de *distribuição* legítima.[6]

---

[6] BOURDIEU, P. *O poder simbólico*. Rio de Janeiro: Bertrand Brasil, 2000. p. 236.

Como desdobramento, no Poder Judiciário reina a máxima latina *nemo iudex sine actore*, ou seja, *não há juiz sem autor*. Essa máxima evidencia que o Judiciário somente pode agir para a concretização de direitos mediante provocação de quem se sentir lesado pela ação ou omissão de outrem, de modo a adotar uma postura estática enquanto não for chamado à resolução de um litígio. O ordenamento jurídico brasileiro possui princípios que reforçam essa perspectiva e traduzem garantias para a inércia judicial, a exemplo do princípio do *juiz natural*[7] e o princípio da *inércia da jurisdição* ou do *impulso oficial*.[8] Ambos remetem à ideia de um poder estático que só age quando for chamado ao litígio por meio de provocação das partes, num contexto adversarial.

Por outro lado, observam-se limites em relação a esse modelo adversarial. Primeiramente, esse modelo parte do princípio de que as partes são antagonistas e, portanto, deve haver um órgão decisório com a possibilidade de definir qual delas será bem-sucedida e qual sucumbirá. Em segundo lugar, esse modelo confere pouco destaque à formação de consenso, apesar de algumas estratégias de conciliação, tendo em vista a própria necessidade jurídica de se definir um "vencedor". Em terceiro lugar, esse modelo estático retira do Judiciário a possibilidade de agir voluntariamente na efetivação de direitos explicitamente desrespeitados, a não ser quando ativado pelas partes. Os problemas sociais, apesar de jurídicos, podem não ser levados ao Judiciário por uma série de razões culturais, econômicas e institucionais.[9] Por

---

[7] O *princípio do juiz natural* — expressamente previsto no art. 5º, XXXVII e LIII, da CRFB de 1988 — tem como conteúdo não apenas a prévia definição do órgão investido de poder jurisdicional de decisão sobre a causa (vedação aos tribunais de exceção, por exemplo), mas também a própria garantia de justiça material, isto é, a independência e a imparcialidade dos juízes (impossibilidade de escolher o juiz ao qual será distribuída a ação, por exemplo). Os referidos dispositivos jurídicos versam o seguinte: "Art. 5º: Todos são iguais perante a lei, sem distinção de qualquer natureza, garantindo-se aos brasileiros e aos estrangeiros residentes no País a inviolabilidade do direito à vida, à liberdade, à igualdade, à segurança e à propriedade, nos termos seguintes: [...] XXXVIII — não haverá juízo ou tribunal de exceção [...]; LIII — ninguém será processado nem sentenciado senão pela autoridade competente" (BRASIL. *Constituição da República Federativa do Brasil*, 1988).

[8] O *princípio da inércia da jurisdição* — expressamente previsto no art. 2º do Código de Processo Civil — determina que o início do processo, em regra, seja somente por iniciativa das partes. Assim, faz-se necessária a petição inicial, que é o documento pelo qual o autor invoca a prestação jurisdicional e, a partir disso, o processo é regido por meio do *impulso oficial* provocado pelas partes no órgão jurisdicional. O referido dispositivo jurídico versa o seguinte: "Art. 2º Nenhum juiz prestará a tutela jurisdicional senão quando a parte ou o interessado a requerer, nos casos e forma legais" (BRASIL. *Código de Processo Civil*, 1973).

[9] Para uma análise dos desafios culturais, econômicos e jurídicos de proposição de demandas pelos cidadãos ao Judiciário, ver SANTOS, B. de S. *Pela mão de Alice*: o social e o político na pós-modernidade. São Paulo: Cortez, 1999.

fim, esta estática abre a possibilidade de se pensar em instituições dinâmicas que não se encontram submetidas à inércia, sobretudo as que compõem as funções essenciais da Justiça, tais como o Ministério Público e a Defensoria Pública, pois podem agir independentemente de provocação.

No que concerne ao segundo limite, observa-se uma sobrevalorização da aplicação do direito por um juiz individual e solitário, sem dedicar especial atenção às decisões coletivas de colegiados de magistrados. Os autores que se dedicaram a pensar o momento da aplicação do direito não assumiram a aplicação também por órgãos colegiados, mas tão somente por juízes singulares. Entre os diversos autores, é possível destacar os seguintes: Kelsen,[10] Hart,[11] Dworkin,[12] Canotilho,[13] Häberle,[14] Cappeletti,[15] Garapon,[16] Garapon e Papadopoulos,[17] Posner,[18] Bourdieu[19] e Ross.[20] Nesses autores, observa-se um fio condutor analítico: o juiz, e não o colegiado de juízes. Alguns se dedicam de forma mais aprofundada aos mecanismos formais de aplicação, ao passo que outros se dedicam a mecanismos substantivos. Porém, nesses autores, observa-se a figura do juiz singular como objeto analítico. Seja inserido em molduras formais em que possui relativa autonomia para julgar, seja orientado por princípios e valores compartilhados pela sociedade em que se insere, o juiz apresentado por esses teóricos caracteriza-se por ser um decisor solitário, isolado, que se encontra recluso em seu gabinete e cuja decisão é fortemente orientada por fatores externos, tais como princípios, regras, entendimentos jurisprudenciais, consciência, crenças etc.

---

[10] Kelsen, *Teoria pura do direito*, op. cit.

[11] HART, H. L. A. *O conceito de direito*. Lisboa: Fundação Calouste Gulbenkian, 2001.

[12] DWORKIN, R. *Law's empire*. London: Fontana, 1986.

[13] CANOTILHO, J. J. G. *Constituição dirigente e vinculação do legislador*: contributo para a compreensão das normas constitucionais programáticas. Coimbra: Coimbra Ed., 1994.

[14] HÄBERLE, P. Hermenêutica constitucional: a sociedade aberta dos intérpretes da Constituição: contribuição para a interpretação pluralista e "procedimental" da Constituição. Porto Alegre: Sergio Antonio Fabris, 1997.

[15] CAPPELLETTI, M. *Juízes legisladores?* Porto Alegre: Sergio Antonio Fabris, 1999.

[16] GARAPON, A. *Le gardien des promesses*. Paris: Odile Jacob, 1996.

[17] GARAPON, A.; PAPADOPOULOS, I. *Julgar nos Estados Unidos e na França*: cultura jurídica francesa e Common Law em uma perspectiva comparada. Rio de Janeiro: Lumen Juris, 2008.

[18] POSNER, R. *How judges think*. Cambrigde/London: Harvard University Press, 2008; ______. *The problems of jurisprudence*. Cambrigde/London: Harvard University Press, 1990.

[19] Bourdieu, *O poder simbólico*, op. cit.

[20] ROSS, A. *Tû-tû*. São Paulo: Quartier Latin, 2004.

As insuficiências de uma abordagem dessa natureza podem se traduzir pelo menos em dois aspectos. Primeiramente, essa abordagem confere destaque à racionalidade do magistrado sob o pressuposto do conhecimento absoluto das leis, jurisprudência e da sociedade em que vive. Trata-se de uma suposição frágil, na medida em que pode haver elementos impremeditados da ação[21] que influenciem diretamente no resultado da decisão judicial. Por isso, não é raro observar o surgimento em alguns espaços acadêmicos de reflexões sobre a análise econômica das decisões, consequencialismo decisional etc. A racionalidade não é passível de controle analítico absoluto, pois a existência de elementos locucionários, ilocucionários e perlocucionários[22] problematizam o que efetivamente se pensou racionalmente pelo magistrado e as consequências racionais de suas ações. Da mesma forma, sobretudo num contexto fortemente dinâmico em que o direito se transforma por meio de normas, leis, entendimentos dos tribunais, princípios e concepções construídas socialmente, é absolutamente ilusório pressupor que o magistrado possui conhecimento absoluto e incontroverso das leis, jurisprudência e da sociedade em que vive. Diversas são as pesquisas que evidenciam a seletividade do processo de recrutamento de magistrados no Brasil, que possuem características sociais e peculiaridades no processo de socialização bastante próprias.[23]

Em segundo lugar, a abordagem que parte da premissa do juiz singular e solitário desconsidera a possibilidade de construção de consensos e/ou novas concepções a partir do embate argumentativo típico do colegiado. Segundo Bourdieu,

> a interpretação da lei nunca é o ato solitário de um magistrado ocupado em fundamentar na razão jurídica uma decisão mais ou menos estranha, pelo menos na sua gênese, à razão e ao direito, e que agiria como hermeneuta preocupado em produzir uma aplicação fiel da regra, como julga Gadamer, ou que atuaria como lógico agarrado ao

---

[21] GIDDENS, A. *A constituição da sociedade*. 2. ed. São Paulo: Martins Fontes, 2003.

[22] HABERMAS, J. *Teoria de la acción comunicativa*. Madrid: Taurus, 1987.

[23] A esse respeito recebe destaque a pesquisa de Werneck Vianna et al. sobre o perfil social do magistrado brasileiro, das suas opiniões e atitudes, sua trajetória profissional, e seu processo de recrutamento, assim como sobre a relação entre magistrado, Estado e sociedade. Trata-se de um trabalho pioneiro e fundamental, que analisa cerca de 4 mil questionários respondidos por juízes de todas as instâncias e regiões do país (Vianna et al., *Corpo e alma da magistratura brasileira*, op. cit.).

> rigor dedutivo de seu "método de realização", como queria Motulsky. Com efeito, o conteúdo prático da lei que se revela no veredicto é o resultado de uma luta simbólica entre profissionais dotados de competências técnicas e sociais desiguais, portanto, capazes de mobilizar, embora de modo desigual, os meios ou recursos jurídicos disponíveis, pela exploração das "regras possíveis", e de os utilizar eficazmente, quer dizer, como armas simbólicas, para fazerem triunfar a sua causa; o efeito jurídico da regra, quer dizer, a sua significação *real*, determina-se na relação de força específica entre os profissionais, podendo-se pensar que essa relação tende a corresponder [...] à relação de força entre os que estão sujeitos à jurisdição respectiva.[24]

Num contexto de debates e discussões, o magistrado deve sempre considerar a possibilidade real de contestação presencial e simultânea de suas ideias, de modo que deve qualificar melhor suas teses e decisões, além de estabelecer um contexto argumentativo que permita aos demais magistrados aderirem a tais teses e decisões. Da mesma forma, o contexto colegiado de formação de consensos pode ampliar as possibilidades de o magistrado qualificar seu argumento e, até mesmo, de identificar limites e problemas para que possa modificá-lo.

No que concerne ao terceiro limite, as reflexões do pós-positivismo e dos estudos de judicialização demonstram uma forte preocupação com o momento da aplicação do direito posto, deixando em segundo plano a construção e reconhecimento de novos direitos pelo juiz e também a construção de direitos não postos, mas vigentes, no âmbito societário. Trata-se, então, de uma sobrevalorização da decisão judicial, em detrimento de outros processos, como o de formação de consenso e o estabelecimento de estratégias extrajudiciais.

Numa chave pluralista, observa-se a emergência de outros centros produtores de direito legítimo na sociedade moderna que não se confundem com o Estado, revelando a complexidade das relações sociais. Em outros casos, observa-se a construção de novas interpretações sobre o direito vigente, que não necessariamente remetem à interpretação oficial (e judicial). Situado no interior das contradições sociais, o direito espelha a estrutura social existente. De fato, as questões jurídicas não são questões descoladas

---

[24] Bourdieu, *O poder simbólico*, op. cit., p. 224-225.

da sociedade e, portanto, encontram-se amplamente relacionadas ao contexto social. Nesse sentido, o Estado seria apenas mais um centro de produção de direitos e seus sentidos, existindo esferas não estatais que produzem outras concepções de direitos e conteúdos para sua efetivação. O momento da aplicação do direito pelo juiz, portanto, é apenas um dos múltiplos processos existentes de efetivação do direito posto e de construção de novas concepções e direitos. Subvalorizar ou negligenciar tal multiplicidade de processos implica inequivocamente um reducionismo analítico.

### *2.2 Limites metodológicos*

No que concerne aos limites metodológicos, observa-se uma subvalorização do Judiciário em relação às demais instituições jurídicas e sociais, tais como Ministério Público, Defensoria Pública, Conselhos participativos etc. Tais instituições figuram, em boa parte das pesquisas, como meros proponentes de ações judiciais. Seu potencial extrajudicial de resolução de conflitos e, por conseguinte, suas estratégias que evitam a judicialização passam a não ser captados, analisados e compreendidos a partir de pesquisas que privilegiam a reflexão sobre as ações judiciais.

Mais precisamente, não é raro observar pesquisas sobre concepções de tribunais acerca de determinada matéria, ou então pesquisas que adotam contraposições de entendimentos entre tribunais e, até mesmo, pesquisas que investigam quantitativamente o número de ações judiciais propostas. Além disso, as pesquisas que buscam refletir sobre as demais instituições jurídicas, em geral, as assumem como proponentes de ações judiciais, tais como as pesquisas sobre o número de ações civis públicas propostas pelo Ministério Público ou o número de atendimentos judiciais realizados pelas Defensorias Públicas.

Tais pesquisas adotam o Judiciário como central no processo de resolução de conflitos políticos e sociais. Como desdobramento, o papel de outras instituições se reduz à mera proposição de ações judiciais a um magistrado, que possui a competência jurisdicional para resolver o litígio. Porém, existem outras formas de atuação das instituições jurídicas que não remetem necessariamente a um processo de judicialização, mas que ainda assim realizam uma discussão jurídica sobre os conflitos e as relações sociais, o que revela um movimento de *juridicização da política e das relações sociais*.[25] Reside, aqui, outra forma de pensar as instituições jurídicas que busca extrapolar o raciocínio juiz-centrado de efetivação de direitos e implementação de políticas públicas, de modo a pensar em outras práticas desenvolvidas pelas instituições jurídicas.

De fato, o que se observa no cenário contemporâneo é uma pluralidade de instituições, atores e intérpretes que também atuam decisiva e legitimamente na construção e garantia de direitos. O Judiciário, portanto, se apresenta somente como mais um desses atores, cuja proeminência, verdadeiramente, advém de suas competências e atribuições constitucionais, principalmente no que concerne à resolução de conflitos. Porém, é preciso considerar que há outras formas de envolvimento de instituições jurídicas e sociais que não necessariamente ensejam a *judicialização* dos conflitos.

Considerando que a estratégia privilegiada de algumas instituições pode ser o diálogo num processo contínuo de concessões recíprocas, podemos observar que as relações sociais podem sofrer muito mais uma *juridicização* (conflitos que não são levados ao Judiciário, mas que são discutidos sob o ponto de vista jurídico, principalmente em momentos não processuais) do que uma *judicialização* (conflitos que são levados ao Judiciário na forma de ação judicial ou algum outro instrumento processual). Na medida em que há diversas instituições jurídicas (Ministério Público, Defensoria Pública etc.) que não se utilizam necessariamente do Judiciário para realizar suas ações, observa-se um contexto em que os conflitos são discutidos pelo prisma do direito, mas evita-se levar o conflito ao Judiciário — isto é, evita-se a *judicialização* do conflito.

Logicamente, existem também fatores internos ao Judiciário que podem influir nessa valorização da extrajudicialidade. Entre alguns, podemos destacar os seguintes: a) no caso de direitos coletivos, haveria juízes com receio de julgar ações com grande repercussão econômica; b) haveria tribunais relutantes em julgar ações coletivas de forma não conservadora; c) haveria pouca sensibilidade à especificidade dos direitos sociais, tais como o direito à saúde e à educação; d) haveria problemas estruturais e culturais

---

[25] Para uma análise mais aprofundada da ideia de juridicização, ver ASENSI, F. D. *Curso prático de argumentação jurídica*. São Paulo: Campus Elsevier, 2010; _____. *Juridicização das relações sociais e Ministério Público*: novas estratégias e desafios na efetivação do direito à saúde. Dissertação (mestrado em sociologia) — Instituto Universitário de Pesquisas do Rio de Janeiro, Rio de Janeiro, 2008.

no que concerne ao acesso ao Judiciário; e) haveria problemas de morosidade e de transferência da decisão ao órgão judicial etc.

Desse modo, observa-se um cenário em que o Judiciário possui desafios para lidar com tais demandas, principalmente no caso de direitos sociais e coletivos, que exigem conhecimentos técnicos, organizacionais e estruturais de uma série de questões específicas. Assim, outros espaços têm sido adotados no Brasil como esferas de composição de conflitos que visam, em maior ou menor grau, a se afastar de uma estrutura de funcionamento similar à do Judiciário. Tais espaços têm adotado, por vezes, estratégias de mediação, pactuação e negociação fundamentalmente céleres e que visam, em certa medida, a atuar na efetivação de direitos existentes e na construção de novos direitos.

A gestão construída a partir desta autocomposição busca uma visão construcionista de conceber novos saberes e práticas das instituições jurídicas: uma visão compartilhada entre sujeitos, seja na adoção, seja na criação de novas formas de gestão em uma perspectiva de *gestão compartilhada*. Mais ainda, esse tipo de gestão auxilia na criação de sinergias e ambientes propícios no sentido da definição de prioridades para as soluções dos principais problemas sociais, sem perder o foco do direito por meio da *juridicização*. Essa *cogestão* se apresenta, por consequência, como um modo de gestão complexo, próprio das sociedades democráticas, no qual o poder é compartilhado por meio de avaliações e decisões conjuntas, de modo a envolver os diferentes atores sociais que participam do processo. Isso reconfigura e tensiona a própria perspectiva de *judicialização* e chama atenção, de forma bastante clara, para as atuações extrajudiciais. O âmbito extrajudicial inaugura e confere realce a outros personagens que, em virtude de suas estratégias de ação, são decisivos na efetivação dos direitos.

Inclusive, num contexto de *judicialização* da política, em que um dos principais indicadores no Brasil é o controle de constitucionalidade, há uma ampliação da comunidade de intérpretes, porém ainda muito restrita aos órgãos de cúpula, tais como o Supremo Tribunal Federal e os Tribunais Superiores.[26] Diferentemente, num contexto de *juridicização*, se observa uma maior pluralidade de atores e instituições no processo de interpretação constitucional, que não se restringe somente à interpretação oficial, geral ou abstrata de um tribunal.

---

[26] VIANNA, L. W. *Judicialização da política e das relações sociais no Brasil*. Rio de Janeiro: Revan, 1999. p. 47.

## 3. Profecias que se autocumprem

De fato, o direito brasileiro e, mais propriamente, os estudos sobre o direito brasileiro têm se debruçado sobre a ótica judicial para refletir sobre seus processos de efetivação. Inclusive, mesmo numa perspectiva pós-positivista, os estudos de judicialização intensificaram esse aprofundamento no estudo da dinâmica judicial, situando os demais atores e instituições jurídicas como meros coadjuvantes no âmbito da efetivação de direitos. Como visto, há limites e desafios teóricos e metodológicos presentes na interpretação do direito sob o ponto de vista do Judiciário.

Porém, mesmo diante das limitações acima expostas, o Judiciário tem recebido cada vez mais protagonismo no cotidiano dos indivíduos em suas relações sociais e no próprio arranjo político-institucional do país. Com isso, a política passou a fazer parte do mundo do direito, especialmente do Judiciário, o que ensejou transformações consideráveis nos sentidos, ações, competências e atribuições das instituições jurídicas. No contexto brasileiro, o protagonismo do Judiciário é "menos o resultado desejado por esse Poder, e mais um efeito inesperado da transição para democracia, sob a circunstância geral [...] de uma reestruturação das relações entre o Estado e a sociedade".[27]

Nesse sentido, como uma profecia que se cumpre por si mesma, o fortalecimento do Judiciário ocorreu em função de uma série de circunstâncias sociais, políticas e culturais que se desenvolveram na redemocratização brasileira. Tais transformações foram decisivas para o fortalecimento institucional do Judiciário enquanto "profecia", recebendo esse o "chamado" para ser a instituição primaz na efetivação de direitos. Os atores sociais e políticos, ao admitirem o fortalecimento do Judiciário como verdadeiro, a despeito das próprias limitações teóricas e metodológicas, tornaram-no verdadeiro em suas consequências. Este fortalecimento, de *causa aparente*, transformou-se em *consequência real*.

### *3.1 As profecias de Merton*

Robert Merton, sociólogo americano, elaborou o conceito de "profecia que se cumpre por si mesma" no livro *Social theory and social structure*, publicado em

[27] Vianna et al., *Corpo e alma da magistratura no Brasil*, op. cit., p. 12.

1949. Essa profecia encontra-se ancorada na expressão de W. I. Thomas, que buscou formular um teorema básico para as ciências sociais: "se os indivíduos definem as situações como reais, elas são reais em suas consequências".[28]

Mais precisamente, a primeira parte do teorema evidencia a ideia de que os homens reagem não somente aos traços objetivos de uma situação, como também e, às vezes, principalmente, ao sentido que a situação tem para eles. Desse modo, assim que os homens atribuem algum sentido à situação, sua conduta consequente, e algumas das consequências dessa conduta, são determinadas pelo sentido atribuído. Com isso, a profecia que se cumpre por si mesma é um prognóstico que, ao se tornar uma crença, provoca sua própria concretização. Quando os indivíduos esperam ou acreditam que algo acontecerá, agem como se a profecia ou previsão já fosse real, e, por consequência, a previsão se realiza efetivamente. Ou seja, ao ser assumida como verdadeira — embora seja falsa —, uma previsão pode influenciar o comportamento das pessoas, seja por medo ou por confusão lógica, de modo que a reação delas acaba por tornar a profecia real.

Merton salienta que as definições públicas de uma situação chegam a ser parte integrante da situação e, em consequência, afetam os acontecimentos posteriores. Assim, "a validade especiosa da profecia que se cumpre por si mesma perpetua o reinado do erro, pois o 'profeta' mencionará o curso real dos acontecimentos como prova de que tinha razão desde o princípio [...] Tais são as perversidades da lógica social".[29] Essa validade é legitimada pela história, que "cria sua própria prova da teoria da profecia que se cumpre por si mesma".[30] Isso permite afirmar que a prova da aparente veracidade da teoria é sempre *ex post facto*.

É também fundamental no estudo da profecia que se cumpre por si mesma a análise que Merton realiza a respeito dos intragrupos e extragrupos. Trata-se de uma análise do ponto de vista étnico, porém se revela fundamental para orientar as reflexões sobre o fortalecimento do Judiciário no Brasil, tais como o controle de constitucionalidade, o Conselho Nacional de Justiça etc. Segundo Merton, os extragrupos são formados por todos aqueles indivíduos que julgamos serem diferentes de "nós mesmos", em termos de nacionalidade, raça ou religião. O contrário do extragrupo é

[28] Merton, *Sociologia*, op. cit., p. 515.
[29] Ibid., p. 517.
[30] Ibid., p. 518.

o intragrupo, que é constituído por todos os que pertencem ao "nosso grupo". É preciso admitir, ainda, que "nada há de fixo ou eterno nas linhas que separam os intragrupos dos extragrupos. Conforme mudam as situações, também mudam as linhas de separação".[31]

Mas o que mais chama atenção nessa diferenciação é o argumento de Merton a respeito da *alquimia moral*. Quando ocorre a interação entre intra e extragrupos, é possível observar uma transformação moral, que Merton denominou *alquimia*. Este processo pode ocorrer de duas formas: a) quando os extragrupos são condenados por não apresentarem (aparentemente) as virtudes do intragrupo; b) quando as virtudes do intragrupo se convertem em vícios do extragrupo, ou seja, quando os extragrupos também são condenados quando possuírem essas virtudes. Merton chama atenção justamente para a relação entre a *alquimia moral* — através da qual ocorre uma valoração das virtudes de acordo com o pertencimento aos grupos — e o *preconceito assimétrico* — através do qual o simples exercício da virtude não basta para que o grupo seja efetivamente virtuoso. Deste modo, "mediante o hábil emprego dos ricos vocabulários de louvor e de opróbio, o intragrupo transmuta facilmente suas próprias virtudes nos vícios dos outros".[32]

Ao articular a teoria sobre a profecia autorrealizável com a diferenciação entre intra e extragrupos, Merton ainda permite pensar o papel das instituições neste contexto. Resgatando expressamente a análise de Tocqueville, admite que essas mudanças não ocorrem automaticamente. Ou seja, a profecia que se cumpre por si mesma, "pela qual os temores se transformam em realidade, funciona somente na ausência de controles institucionais deliberados".[33] Nesse sentido, as instituições possuem papel decisivo na manutenção ou extinção de profecias, de modo que sua concretização esteja diretamente relacionada a dois fatores: a) ausência de mecanismos de controle institucionais; b) adesão e reforço das profecias por parte das instituições. No caso específico do Judiciário brasileiro, de profecia assumida pelos atores sociais e políticos, passou a ser uma das principais instituições que reforçam sua validade.

---

[31] Ibid., p. 519-520.
[32] Ibid., p. 524.
[33] Ibid., p. 531.

### 3.2 Judiciário e profecias

O Judiciário é uma profecia que se cumpre por si mesma. A despeito dos limites teóricos e metodológicos analisados, o Judiciário foi constituído no cenário contemporâneo brasileiro como uma *profecia*, seus membros foram alçados à categoria de *profetas* para as ações futuras e *pontificados* para ações presentes. Como visto, num primeiro momento, quando os indivíduos definiram as situações como reais, a profecia foi menos um processo desenvolvido pelo próprio Judiciário e mais um contexto político-institucional específico de redemocratização do país e da Assembleia Nacional Constituinte.[34] A consequência da profecia, em que a conduta consequente e algumas das consequências dessa conduta são determinadas pelo sentido atribuído, traduz-se numa ampliação e fortalecimento real da presença do Judiciário na vida cotidiana, o que influenciou, inclusive, as construções teóricas e metodológicas do direito brasileiro centradas na figura do juiz.

A profecia que se cumpre por si mesma sempre possui como prova o elemento *ex post facto*. Ou seja, o que define a veracidade da profecia é justamente seu desenvolvimento no mundo cotidiano. No caso do Judiciário, observa-se uma série de reformas que se operaram nos últimos 10 anos, que visam intensificar o arcabouço jurídico-institucional, que fora outorgado previamente pela profecia de seu fortalecimento e centralidade na efetivação de direitos. São alguns exemplos desta intensificação:

• Súmula vinculante (EC nº 45/2004): é a jurisprudência com efeito geral que, quando votada pelo Supremo Tribunal Federal, se torna um entendimento obrigatório ao qual todos os outros tribunais e juízes, bem como os outros Poderes (Legislativo e Executivo) e a administração pública, direta e indireta, terão de seguir, sob pena de reclamação constitucional ao STF.

• Conselho Nacional de Justiça (EC nº 45/2004): é o órgão do Poder Judiciário brasileiro encarregado de controlar a atuação administrativa e financeira dos demais órgãos daquele poder, bem como de supervisionar o cumprimento dos deveres funcionais dos juízes.

---

[34] São diversos os fatores que concorrem para o teor social da redemocratização e da Constituição de 1988, entre os quais se destacam os seguintes: a) a tentativa de correção dos excessos e descaminhos provocados pelo regime militar, garantindo um amplo catálogo de direitos sociais intangíveis pelo Estado e uma série de instrumentos processuais para a sua efetivação; b) a própria intenção de formular uma Constituição que atue como redutora de diferenças sociais, políticas, econômicas e culturais; c) a participação da sociedade civil, dos grupos sociais e políticos e dos diversos grupos de pressão.

• Súmula impeditiva de recursos (Lei nº 11.276/2006): impossibilita a impetração de recurso contra a decisão de juiz que estiver em conformidade com matéria sumulada no Superior Tribunal de Justiça ou no Supremo Tribunal Federal.

Três exemplos, menos expressivos, mas ainda assim elucidativos, também merecem destaque. Primeiramente, observa-se uma modificação no conteúdo exigido para ingresso nas carreiras jurídicas, sobretudo a Magistratura e o Ministério Público. Cada vez mais o candidato deve saber o entendimento dos tribunais acerca das matérias. Nos cursos preparatórios, por exemplo, é muito comum a existência de turmas específicas voltadas para o estudo de decisões judiciais do STJ, STF, TST etc. Outra informação relevante diz respeito ao crescimento da importância dos entendimentos do Judiciário trabalhista no Brasil. O livro de jurisprudências do Tribunal Superior do Trabalho, por exemplo, possui atualmente 498 páginas de entendimentos sumulados do tribunal, o que evidencia o fortalecimento deste ramo do Judiciário no que concerne aos conflitos trabalhistas, inclusive com poder para alterar e conferir novas interpretações às normas jurídicas. Por fim, também recebe destaque a "mutação constitucional",[35] que pode ocorrer por meio dos Tribunais no sentido de alterar o sentido e interpretação de uma norma jurídica sem alterar seu texto.

Tais fatores indicam o fortalecimento do Judiciário enquanto profecia que se cumpre por si mesma. A peculiaridade é que, de profecia, o Judiciário passou a possuir seus próprios profetas. Num contexto em que as instituições estatais encontram-se num processo de crise e de reformulação jurídico-institucional, "somente escapou deste naufrágio o Poder Judiciário, pelas razões que dizem respeito à sua função".[36] Segundo Badinter, dentro de uma sociedade cada vez mais conflitiva, todas as autoridades morais tradicionais encarregadas de resolver os litígios familiares ou comunitários perderam seu crédito. O recurso à Justiça, autoridade funcionalmente encarregada de resolver os conflitos e de assegurar o respeito à regra comum, está crescendo. "Assim como o juiz, porque ele é competente para resolver o conflito, para dizer o Direito, e que o Direito exprime, dentro de toda a sociedade, um sistema de valores, de modo que este juiz apareça como depositário e

[35] BARROSO, L. R. *Curso de direito constitucional contemporâneo*: os conceitos fundamentais e a construção do novo modelo. São Paulo: Saraiva, 2009.

[36] BADINTER, R. Introduction. In: _____ et al. *Les entretiens de Provence*: le juge dans la société contemporaine. Paris: Fayard, 2003. p. 10.

defensor destes valores."[37] Nesse sentido, o juiz desempenharia, ao mesmo tempo, o papel de Esfinge — aquele que interroga — e de Profeta — aquele que revela a lei divina. Na análise de Badinter,

> estes dois fatores — crescimento do *imperium* jurisdicional de um lado, e exercício de um pontificado laico, de outro lado — se conjugam para assegurar ao juiz uma função proeminente dentro das sociedades democráticas contemporâneas. Esta autoridade é ainda reforçada pelas garantias constitucionais: inamovibilidade e irresponsabilidade do juiz pelas suas decisões.[38]

Essas características nos auxiliam a compreender a transformação que Werneck Vianna[39] já havia observado da importância do Judiciário atualmente. Esse reforço institucional, associado à própria assunção dos magistrados como profetas, alçou esse poder a um verdadeiro referencial teórico, metodológico e, inclusive, cotidiano por parte dos atores sociais e políticos. Porém, esse fortalecimento não necessariamente esteve associado a um processo de incorporação da sociedade civil na esfera judicial, mas, sim, a um processo de delimitação de espaços e competências de atuação que se traduziu em regras para ingressar com ações judiciais. Mais propriamente, os profetas — que se constituíram como tais pela profecia, e não o inverso — definiram sua identidade a partir do estabelecimento de limites de ação a seus seguidores. Seria fundamental estabelecer diferenciações institucionais entre os profetas e os seguidores, ou seja, entre o intragrupo e o extragrupo.

Os extragrupos estão formados por todos aqueles indivíduos que não se confundem com os profetas. A sociedade civil, os políticos, os partidos, os organismos internacionais etc. são todos elementos não proféticos que são essenciais para a manutenção, existência e funcionamento da profecia, inclusive porque compartilham dela. O intragrupo é o próprio Judiciário, com regras de sociabilidade bastante definidas, processos de recrutamento cada vez mais rígidos baseados na meritocracia e com um perfil fortemente elitista no Brasil. O intragrupo ainda possui uma série de competências descritas constitucionalmente, que não se reduzem à resolução de litígios,

[37] Ibid.

[38] Ibid., p. 12.

[39] Vianna, *A democracia e os três poderes no Brasil*, op. cit.

pois também englobam a efetivação de direitos e o controle de constitucionalidade de normas. Logicamente, não há fixidez nessa diferenciação entre o intra e o extragrupo, pois, conforme mudam as situações jurídicas, também mudam as linhas de separação.

Uma das principais formas de diferenciação entre os grupos está associada às possibilidades de o extragrupo recorrer ao intragrupo para resolver um determinado litígio. No Brasil, o controle de constitucionalidade concentrado, que é exercido pelos intragrupos que se situam no topo de hierarquia administrativa do Judiciário, possui uma prevalência sobre o controle de constitucionalidade difuso, que é exercido pelos intragrupos compostos por juízes monocráticos ou desembargadores, que se encontram na base da hierarquia. No controle concentrado, que possui efeito geral para todos os casos, poucos são aqueles membros do extragrupo que possuem legitimidade para propor uma ação;[40] ao passo que no controle difuso, que possui efeito somente para o processo judicial em que for arguido, o rol de legitimados do extragrupo é o das partes do processo. Em ambos os casos, observam-se possibilidades normativas restritas de o extragrupo ativar o intragrupo para uma determinada demanda. O controle concentrado é amplo nos efeitos, mas restrito nos legitimados; e o controle difuso é restrito nos efeitos, e relativamente amplo nos legitimados. Isso revela uma centralização e rigidez na participação dos extragrupos na construção das decisões do intragrupo.

Merton, porém, não inseriu na definição dessas fronteiras entre o intra e o extragrupo as relações de poder. De fato, "a instituição de um 'espaço judicial' implica a imposição de uma fronteira entre os que estão preparados para entrar no jogo e os que, quando nele se acham lançados, permanecem de fato dele excluídos".[41] Bourdieu salienta que a diferença entre a visão comum daquele membro do extragrupo e a visão do intragrupo, para usar a terminologia mertoniana, não é acidental. Pelo contrário, trata-se de uma distinção constitutiva de uma relação de poder, "que fundamenta dois sistemas diferentes de pressupostos, de intenções expressivas, numa palavra,

---

[40] O rol de legitimados para propor ações de controle concentrado está previsto no art. 103. da Constituição de 1988, quais sejam: "I — o Presidente da República; II — a Mesa do Senado Federal; III — a Mesa da Câmara dos Deputados; IV — a Mesa de Assembleia Legislativa; V — o Governador de Estado; VI — o Procurador-Geral da República; VII — o Conselho Federal da Ordem dos Advogados do Brasil; VIII — partido político com representação no Congresso Nacional; IX — confederação sindical ou entidade de classe de âmbito nacional".

[41] Bourdieu, *O poder simbólico*, op. cit., p. 225.

duas visões do mundo".[42] Deste modo, para ingressar na dinâmica judicial do intragrupo, o extragrupo deve conformar-se com as regras de procedimento[43] e "aceitar tacitamente a adoção de um modo de expressão e de discussão que implica a renúncia à violência física e às formas elementares da violência simbólica, como a injúria".[44]

Observe-se que as regras para ingresso no mundo do intragrupo não fazem do extragrupo um membro efetivo do intragrupo, mesmo que provisoriamente. A entrada não pressupõe incorporação, mas, sim, um modo de proceder típico das atividades desenvolvidas no interior do intragrupo judicial. Inclusive, em geral, o extragrupo não pode ingressar no intragrupo sem uma figura intermediária, que permite a ligação entre os dois mundos: o advogado. O membro do extragrupo somente pode ingressar no intragrupo mediante o auxílio do indivíduo híbrido, que se situa na mediação entre ambos os mundos. Isso faz com que esse ingresso, além de orientado por uma série de regras de procedimento, ainda necessite do advogado. Observe-se que são bastante restritas as possibilidades de o membro do extragrupo ingressar autonomamente no intragrupo,[45] o que torna o espaço judicial fortemente regrado.

Na perspectiva de Merton, quando ocorre a interação entre intra e extragrupos, é possível observar uma transformação moral. Esse processo pode ocorrer de duas formas: a) quando os extragrupos são condenados por não apresentarem (aparentemente) as virtudes do intragrupo; b) quando as virtudes do intragrupo se convertem em vícios do extragrupo, ou seja, quando os extragrupos também são condenados quando possuírem estas virtudes. Em Bourdieu, essa alquimia poderia ser pensada a partir

---

[42] Ibid., p. 226.

[43] Bourdieu, resgatando Austin, sustenta que as exigências que estão implicitamente inscritas no contrato que define a entrada no campo jurídico são as seguintes: "a primeira é o fato de se dever chegar a uma decisão, e a uma decisão 'relativamente branca ou preta, culpado ou não culpado, para o queixoso ou para o acusado'; a segunda é o fato de a acusação e a defesa deverem ordenar-se numa das categorias reconhecidas do procedimento que se impuseram no decurso da história e que, não obstante o seu número, permanecem muito limitadas e muito estereotipadas em relação às acusações e às defesas da vida cotidiana — o que faz com que conflitos e argumentos de toda espécie permaneçam aquém da lei como exclusivamente morais —; a terceira é o fato de se dever recorrer a precedentes e de se conformar a eles, o que pode levar a distorções das crenças e das expressões correntes" (ibid., p. 230).

[44] Ibid., p. 229.

[45] São algumas hipóteses de dispensa: litígios em Juizados Especiais Cíveis cujo valor da causa seja de até 20 salários mínimos; proposição de *habeas corpus* etc.

da ideia de *efeito de nomeação*. Segundo esse autor, o direito é a forma por excelência do poder simbólico de nomeação que cria as coisas nomeadas e, em particular, os grupos. Desse modo, o direito "confere a essas realidades surgidas das suas operações de classificação toda a permanência, a das coisas, que uma instituição histórica é capaz de conferir a instituições históricas".[46] Em decorrência, "só um nominalismo realista (ou firmado na realidade) permite explicar o efeito mágico da nomeação, ato de força simbólico que só é bem-sucedido porque está bem fundado na realidade".[47]

A alquimia moral que traduz as virtudes do intragrupo em vícios do extragrupo constitui um verdadeiro efeito de nomeação, em que os indivíduos do extragrupo são classificados a partir de critérios compartilhados pelo intragrupo. São sucumbentes, vencedores, partes, hipossuficientes, recorrentes, agravados etc., em função das regras de procedimento presentes no interior da dinâmica judicial. E a alquimia pode operar justamente quando os extragrupos são condenados por não apresentarem (aparentemente) as virtudes do intragrupo (ex.: conhecimento técnico, investidura em função judicante etc.).

Mas a alquimia mais interessante, cabe ressaltar, ocorre quando as virtudes do intragrupo se convertem em vícios do extragrupo, ou seja, quando os extragrupos também são condenados quando possuírem essas virtudes. Vejamos um exemplo: é muito comum na prática jurídica o brocardo *dormientibus non sucurrit jus*, ou seja, o direito não socorre os que dormem. Trata-se de um brocardo dirigido aos membros do extragrupo, cuja exigência é o respeito dos prazos, a observância do tempo de arguição e a diligência com o tempo. Esse brocardo é um vício atribuído ao extragrupo, pois, caso não seja observado o tempo célere, as regras permitem que o intragrupo não julgue ou julgue improcedente. Porém, a exigência de celeridade não é a mesma no âmbito do intragrupo, que preza como virtude justamente o amadurecimento do processo. A dilação do tempo, na dinâmica do intragrupo, é apresentada como uma virtude, e não como um vício. Própria do estado de direito, a dilação temporal permite o contraditório, a ampla defesa e o amadurecimento lento do processo judicial. Em suma, observa-se o exemplo em que a virtude do intragrupo (amadurecimento temporal) converte-se em vício do extragrupo (celeridade temporal).

[46] Ibid., p. 237.
[47] Ibid., p. 239.

Por fim, ainda cabe analisar o papel das instituições no âmbito das profecias que se cumprem por si mesmas. Segundo Merton, as instituições possuem papel decisivo na manutenção ou extinção de profecias, de modo que sua concretização esteja diretamente relacionada a dois fatores: a) ausência de mecanismos de controle institucionais; b) adesão e reforço das profecias por parte das instituições. No caso específico do Judiciário brasileiro, de profecia assumida pelos atores sociais e políticos, passou a ser uma das principais instituições que reforçam sua validade profética. Isso tem permitido justamente o fortalecimento da instituição enquanto um intragrupo fortemente autônomo, cada vez menos submetido aos limites da separação dos poderes e cada vez mais independente das lógicas intrínsecas de funcionamento dos extragrupos. Na experiência brasileira, não foi a ausência de controles institucionais que permitiu o desenvolvimento da profecia, mas, sim, seu fortalecimento. Sobretudo a partir da criação do Conselho Nacional de Justiça, a profecia judicial esteve ainda mais concreta e efetiva. Trata-se de uma profecia que aponta para a densificação da endogenia judicial, cada vez menos porosa às influências dos extragrupos, exceto quando consentidas pelo próprio intragrupo e nos limites das regras do intragrupo.

O principal desafio, nesse contexto, diz respeito à incorporação das demais instituições jurídicas e da sociedade, que se traduz numa ampliação efetiva do círculo de intérpretes que compõem o intragrupo. A endogenia, para ampliar a participação democrática e potencializar as possibilidades de efetivação de direitos, deve abrir-se à incorporação das lógicas de funcionamento e dos pressupostos das instituições jurídicas — tais como o Ministério Público e a Defensoria Pública — e a sociedade civil.

## 4. Considerações finais

De fato, assim como o direito não se reduz à lei, o ator que efetiva direitos não é somente o juiz. O que se observa no cenário contemporâneo é uma pluralidade de instituições, atores e intérpretes que também atuam decisiva e legitimamente na construção e garantia de direitos. O Judiciário, portanto, se apresenta somente como mais um desses atores, cuja aparente proeminência advém de suas competências e atribuições constitucionais, principalmente no que concerne à resolução de conflitos.

Nesse sentido, a principal estratégia pode ser o reconhecimento de que a "interpretação constitucional não é um 'evento exclusivamente estatal', seja do ponto de vista teórico, seja do ponto de vista prático".[48] Pelo contrário, Häberle sustenta que a Constituição deve ser vista enquanto um "processo público".[49] Nesse sentido, a Constituição não estrutura apenas o Estado em sentido estrito, mas também a própria esfera pública, "dispondo sobre a organização da própria sociedade e, diretamente, sobre setores da vida privada, não pode tratar as forças sociais e privadas como meros objetos. Ela deve integrá-las ativamente enquanto sujeitos".[50]

Com isso, o grande desafio consiste justamente em ampliar as possibilidades de ingresso real no intragrupo judicial. O objetivo não consiste em fazer com que todos os membros do extragrupo sejam magistrados, mas sim que as funções do intragrupo — julgar, efetivar e controlar — também possam ser exercidas democraticamente pelos membros do extragrupo, "não sendo possível estabelecer-se um elemento cerrado ou fixado com *numurus clausus* de intérpretes da Constituição".[51]

A ampliação do círculo de intérpretes associada ao âmbito extrajudicial inaugura e confere realce a outros personagens que, em virtude de suas estratégias de ação, são decisivos na efetivação de direitos. No âmbito da advocacia, por exemplo, a prática extrajudicial é fundamental e, muito além, bastante fecunda. A extrajudicialidade permite o desenvolvimento pleno da criatividade e autonomia, pois o advogado não mais se encontra vinculado à reprodução de entendimentos do Judiciário, Ministério Público, Defensoria Pública etc.; ele pode ir além. Em muitos casos, o âmbito extrajudicial pode servir como canal para a construção conjunta de entendimentos e concepções com essas instituições num contexto de maior simetria. Pode permitir, portanto, uma relação mais simétrica entre o intra e o extragrupo.

Este "mundo para além do processo" permite aos atores romper barreiras, pensar em inovações criativas, estabelecer novos parâmetros e referenciais de atuação, e estratégias mais adequadas para a efetivação dos direitos e garantias de seus patrocinados. Trata-se da possibilidade de livremente

---

[48] Häberle, *Hermenêutica constitucional*, op. cit., p. 23.

[49] Ibid., p. 32.

[50] Ibid., p. 33. Segundo Häberle, "'Povo' não é apenas um referencial quantitativo que se manifesta no dia da eleição e que, enquanto tal, confere legitimidade democrática ao processo de decisão. Povo é também um elemento pluralista para a interpretação que se faz presente de forma legitimadora no processo constitucional: como partido político, como opinião científica, como grupo de interesse, como cidadão. A sua competência objetiva para a interpretação constitucional é um direito de cidadania" (ibid., p. 37).

[51] Ibid., p. 13.

agir sem amarras, exceto as de sua consciência e da ética profissional, em prol da consecução da valorizada paz social. São exemplos evidentes desta frutífera extrajudicialidade as atividades de consultoria que o advogado presta, a criação de estratégias de mediação, a implementação de canais de comunicação com as demais instituições etc. O processo judicial não é — e não tem como ser — a única forma de efetivação de direitos, sob pena de um reducionismo teórico, metodológico e, principalmente, profissional.

## Referências


ASENSI, F. D. *Curso prático de argumentação jurídica*. São Paulo: Campus Elsevier, 2010.

_____. *Juridicização das relações sociais e Ministério Público*: novas estratégias e desafios na efetivação do direito à saúde. Dissertação (mestrado em sociologia) — Instituto Universitário de Pesquisas do Rio de Janeiro, Rio de Janeiro, 2008.

BADINTER, R. Introduction. In: _____ et al. *Les entretiens de Provence*: le juge dans la société contemporaine. Paris: Fayard, 2003.

BARROSO, L. R. *Curso de direito constitucional contemporâneo*: os conceitos fundamentais e a construção do novo modelo. São Paulo: Saraiva, 2009.

BOURDIEU, P. *O poder simbólico*. Rio de Janeiro: Bertrand Brasil, 2000.

BRASIL. *Constituição da República Federativa do Brasil*, 1988.

_____. *Código de Processo Civil*, 1973.

CANOTILHO, J. J. G. *Constituição dirigente e vinculação do legislador*: contributo para a compreensão das normas constitucionais programáticas. Coimbra: Coimbra Ed., 1994.

CAPPELLETTI, M. *Juízes legisladores?* Porto Alegre: Sergio Antonio Fabris, 1999.

CITTADINO, G. Judicialização da política, constitucionalismo democrático e separação de poderes. In: VIANNA, L. W. (Org.). *Democracia e os três poderes no Brasil*. Belo Horizonte: UFMG, 2002.

DWORKIN, R. *Law's empire*. London: Fontana, 1986.

GARAPON, A. *Le gardien des promesses*. Paris: Odile Jacob, 1996.

_____; PAPADOPOULOS, I. *Julgar nos Estados Unidos e na França*: cultura jurídica francesa e Common Law em uma perspectiva comparada. Rio de Janeiro: Lumen Juris, 2008.

GIDDENS, A. *A constituição da sociedade*. 2. ed. São Paulo: Martins Fontes, 2003.

HÄBERLE, P. *Hermenêutica constitucional*: a sociedade aberta dos intérpretes da Constituição: contribuição para a interpretação pluralista e "procedimental" da Constituição. Porto Alegre: Sergio Antonio Fabris, 1997.

HABERMAS, J. *Teoria de la acción comunicativa*. Madrid: Taurus, 1987.

HART, H. L. A. *O conceito de direito*. Lisboa: Fundação Calouste Gulbenkian, 2001.

KELSEN, H. *Teoria pura do direito*. São Paulo: Martins Fontes, 2000.

MERTON, R. *Sociologia*: teoria e estrutura. São Paulo: Mestre Jou, 1970.

POSNER, R. *How judges think*. Cambridge/London: Harvard University Press, 2008.

_____. *The problems of jurisprudence*. Cambridge/London: Harvard University Press, 1990.

ROSS, A. *Tû-tû*. São Paulo: Quartier Latin, 2004.

SANTOS, B. de S. *Pela mão de Alice*: o social e o político na pós-modernidade. São Paulo: Cortez, 1999.

TAYLOR, M. O Judiciário e as políticas públicas no Brasil. *Dados — Revista de Ciências Sociais*, v. 50, n. 2, p. 229-257, 2007.

VIANNA, L. W. *Judicialização da política e das relações sociais no Brasil*. Rio de Janeiro: Revan, 1999.

_____ (Org.). *A democracia e os três poderes no Brasil*. Belo Horizonte: UFMG, 2002.

_____ et al. *Corpo e alma da magistratura brasileira*. Rio de Janeiro: Iuperj, 1997.

Esta obra foi produzida nas
oficinas da Imos Gráfica e Editora na
cidade do Rio de Janeiro